監修者──木村靖二／岸本美緒／小松久男／佐藤次高

［カバー表写真］
レーニンの肖像

［カバー裏写真］
レーニン廟

［扉写真］
演説するレーニン
（1920年）

世界史リブレット人73

レーニン

二十世紀共産主義運動の父

Wada Haruki
和田春樹

目次

レーニンと名乗った理由

レーニンは二十世紀最大の革命であるロシア革命を主導し、ソ連共産主義国家体制をつくりだし、コミンテルン▲(世界共産党運動推進本部)の指導者になった人物である。二十世紀の共産主義運動の思想は、マルクス＝レーニン主義、あるいはレーニン主義と呼ばれた。

彼は一八七〇年に生まれ、一九一七年革命の年には四七歳であり、一九二三年に病により党と国家の要職から引退したときは五三歳であった。彼はそのあと約一年生きて、一九二四年一月に五四歳になる少し前に死んだ。

ソ連という国家がペレストロイカ▲に続く連邦崩壊で姿を消し、国際共産主義運動も最終的に終焉(しゅうえん)したあとは、レーニンは完全に落ちた偶像となり、今では

▼コミンテルン　共産主義インターショナルの略称。一九一九年にレーニンが創設した世界共産党運動の推進本部(モスクワ)と各国共産党という支部からなる組織の総体。ドイツ共産党と中国共産党をはじめとして、世界各地に共産主義運動を広げ、共産党をつくりだし、理論・人員・資金の面で支援した。とくに第三世界での反帝国主義運動を拡大するのに大きな役割をはたした。もとよりその活動においては、ソ連の国家的利益が十分に尊重されたことはいうまでもない。

▼ペレストロイカ　一九八五年にゴルバチョフがソ連共産党書記長に就任、米ソ冷戦の対立から脱し、ソ連社会主義体制を改造する方向へ進み、「革命としてのペレストロイカ(建て直し)」を打ち出すにいたった。外交における「新思考」、内政における「グラスノスチ(検閲されない言論)」が突破口とされ、民主化が進められた。ソ連共産党はその動きの外に取り残され、影響力を喪失していった。そのため、連邦が分解し、経済が混乱した。結果として、一九九一年に冷戦は終わったが、ソ連体制は終焉した。

ロシアの地でも人々は、レーニンよりも彼の後継者で死後三年目に批判されたスターリンのことを思い出すことのほうが多い。

だが、二十世紀の世界史は、ロシア革命の巨大な衝撃とソ連国家のはたした巨大な役割を無視しては、理解することはできず、その指導者レーニンの思想と行動を知ることはこの時代を振り返る者にとっての第一の義務である。

その時代の共産主義者・革命家は本名をかくして、筆名・組織名を名乗っていた。そしてついには、この変名によって歴史に刻み込まれていく。レーニンもそうであったし、ロシア革命でレーニンにつぐ地位を占めた指導者トロツキーとスターリンもそうであった。

ユダヤ人のレフ・ダヴィドヴィチ・ブロンシチェインが「トロツキー」という姓を使うにいたった理由は、私の推測では、ドイツ語の「トロッツ」(Trotz)と結びつく。これは名詞なら「反抗心」、前置詞なら「にもかかわらず」の意である。つまり、「トロツキー」とは「反抗の人」を意味するのである。もう一人、グルジア人ヨーシフ・ヴィサリオーノヴィチ・ジュガシヴィーリが「スターリン」と名乗った理由はあまりにも明白である。この人物は「鋼鉄(スタ

●―**レーニン**

●―**トロツキー**（一八七九〜一九四〇）　ユダヤ人ボリシェヴィキ。ロシア社会民主労働党（二四頁参照）の党内分裂では、メンシェヴィキに近かった。一九〇五年革命時はペテルブルク・ソヴィエト議長となり、逮捕され裁判を受けた。ここで「永続革命」理論を唱えるにいたった。二月革命後帰国して、ボリシェヴィキに加入、ペトログラード・ソヴィエト議長として十月革命を闘った。革命後の新政府では外務人民委員・陸海軍人民委員を務めた。二三年から左翼反対派に属し、スターリンと対立。二七年に党を除名され、二九年に国外追放された。亡命地メキシコで、スターリンの命を受けた人物に殺害された。

●―**スターリン**（一八七九〜一九五三）　グルジア人ボリシェヴィキ。神学校卒で、外国亡命の経験がない。ボリシェヴィキの正統派に属し、十月革命後の政権では民族問題担当人民委員となった。一九二二年、党書記長になって実務的な手腕を発揮し、レーニンの死後、後継者の地位にあがって、『レーニン主義の基礎』（一九二四年）を発表した。「一国社会主義論」を唱え、トロツキー派など党内左派と対決したが、二九年にはブハーリンら党内右派と対立し、「上からの革命」を発動し、国家社会主義体制を完成させた。三六年からは大テロルを実施し、個人独裁に向かった。第二次世界大戦では独ソ戦争を勝利に導き、社会主義陣営の最高指導者として、全世界にその名が喧伝された。死後の五六年、第二〇回党大会でスターリン「個人崇拝」が批判された。

ーリ）の人」をもって理想とし、他人にそのことを誇示しようとした。

レーニンの本名は、ヴラジーミル・イリイーチ・ウリヤーノフである。彼が初めてレーニンという筆名を使ったのは三〇歳のとき、ロシア＝マルクス主義の大指導者プレハーノフ▲に宛てた手紙においてである。ヴォルガ川からつくられた「ヴォルギン」という筆名を用いていたプレハーノフに対して、シベリアの大河レナ川からつくられた筆名を使ったということになる。だが、ヴォルガ川のほとりで生まれたレーニンはシベリアに流刑されたことはあるが、レナ川のほとりに立ったことはない。知らない川の名からつくられたレーニンという筆名を組織名にして一生使い続け、レーニンという名で革命をやり、レーニンという名で死んだのはなぜだろうか。

レーニンが世界戦争中の一九一六年に、のちに評判になる著作『帝国主義』を書きあげ、ペテルブルクの合法出版社からの出版を進めたとき、「著者名はレーニン（Lenin）とすることを望むが、場合によっては、エヌ・レニーフツィン（N. Lenivtsyn）と変えてもよい」と提案したことがある。こちらはレニーヴイ（lenivyi　怠け者の）という形容詞からつくった「怠け者」という名詞である。

▼プレハーノフ（一八五六〜一九一八）初めナロードニキだったが、亡命後、マルクス理論を受け入れ、『われわれの意見の不一致』（一八八五年）を著し、「ロシア・マルクス主義の父」といわれる。ロシア社会民主労働党の発足に関わり、党分裂ではメンシェヴィキに属した。一九〇五年革命後、メンシェヴィキのなかで解党に反対して、党維持派を助けた。世界戦争時には戦争を支持する立場をとり、十月革命に反対した。一八年に病死。

ここから私は、レーニンは、自分は「レニーフツィン(怠け者)」だと意識して、自らに絶えず鞭打つという気持ちをもつところがあったのではないかと思うようになった。つまり、レーニンは反省型の人間であったと考えられる。この点では、彼はトロツキーともスターリンとも違った種類の人間であったようである。

①―革命家の形成

生まれた町、両親の出自

レーニンは一八七〇年四月十日（二十二日）、ヴォルガ川中流の町シムビルスクに生まれた。父イリヤ・ウリヤーノフは、レーニンの出生時は県の視学官で、一代貴族であったが、のちに県の国民学校局長の職に任ぜられ、七七年に四等官に昇格して世襲貴族となった人である。だからレーニンは、七歳のときに初めて世襲貴族の身分を取得した。

この父はヴォルガ川河口の町アストラハンの仕立屋の息子、最下層の町人身分の出身であった。彼の母、つまりレーニンの父方の祖母がカルムイク人であることは、ソ連時代の末期に女流作家マリエッタ・シャギニャンが資料を発見して書いたことである。イリヤの父ニコライ、つまりレーニンの祖父はロシア中央部の農民の出だというのがソ連の公式説明だが、シャギニャンはニコライもカルムイク人かキルギス人であるかもしれないという説を唱えて、当局の怒りを買った。

▼ロシアの暦　ロシアは一九一八年一月三十一日までユリウス暦を採用していたので、西欧のグレゴリウス暦よりは、十九世紀では一二日、二十世紀では一三日遅れていた。本書では、ロシア暦で年月日をあらわし、括弧内に西暦を示している。

▼ロシアの貴族と官等　ロシアでは、貴族身分は、皇帝によりこの身分に取り立てられることもあるが、基本的には世襲的な身分であった。しかし、官位在職によりこの身分が与えられたことが特徴的である。文官であれば、九等官で一代貴族、四等官で世襲貴族となった。武官では、少尉になれば一代貴族、大佐になれば世襲貴族になった。

▼カルムイク人　十五世紀に西モンゴルに属していた遊牧の民で、十七世紀前半に中央アジアをこえて、ヴォルガ川下流域に移住してきた民族である。

▼マリエッタ・シャギニャン（一八八八〜一九八二）　アルメニア人でソ連の作家。レーニンの一家を題材とする作品を多く書いた。

四歳のレーニン(左、一八七四年)　椅子に座っているのは妹のオリガ。

レーニン一家(一八七九年)　①オリガ ②母マリヤ ③マリヤ ④アレクサンドル ⑤父イリヤ ⑥アンナ ⑦ドミトリー ⑧ヴラジーミル(レーニン)

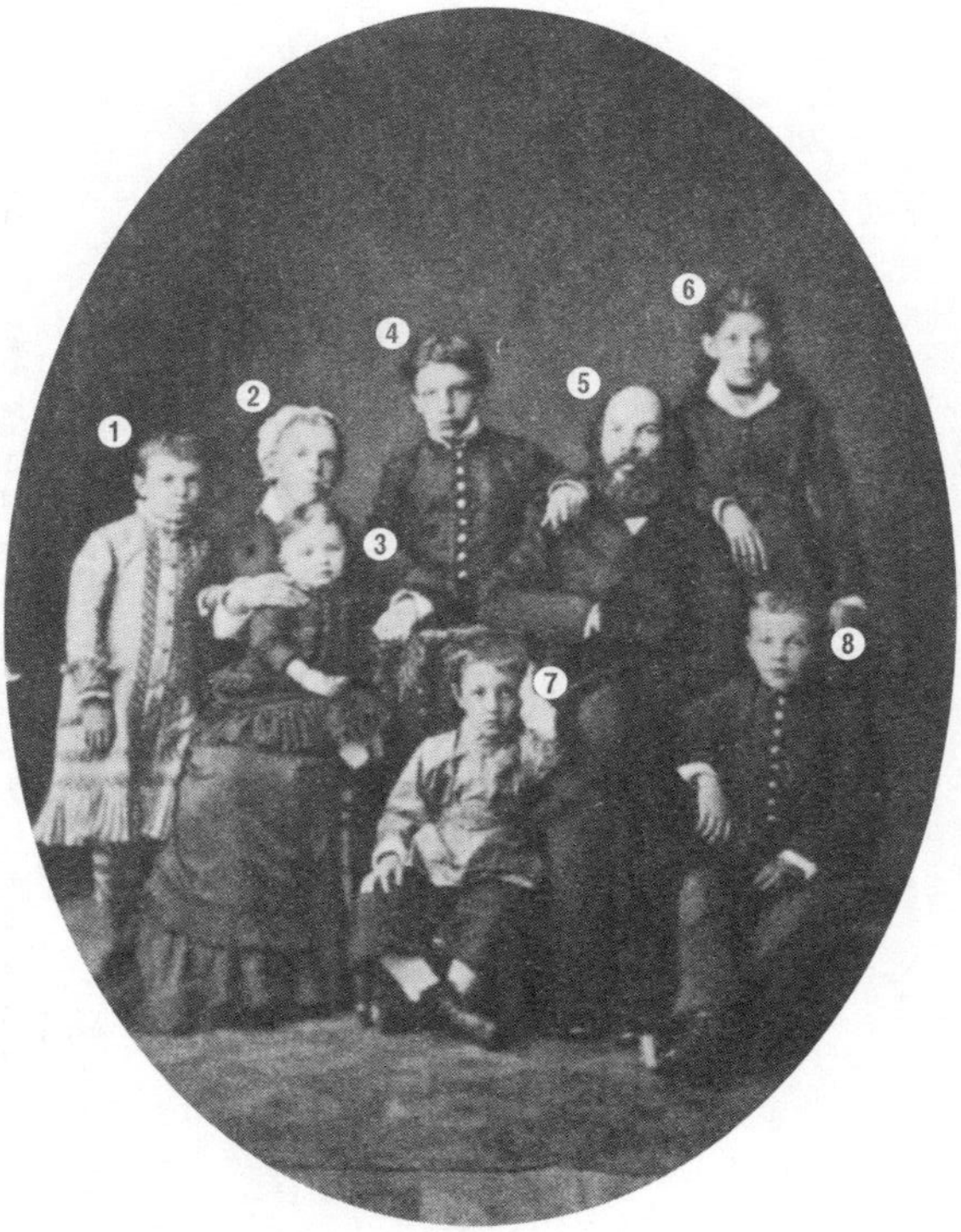

一方、レーニンの母はマリヤ・ブランクといい、カザン▲の医者の娘である。その父、つまりレーニンの母方の祖父アレクサンドル・ブランクは、右岸ウクライナ生まれのユダヤ人で、正教に改宗した人であった。このこともシャギニャンが知るところとなったが、ソ連時代は書くことを許されず、ソ連終焉(しゅうえん)後の一九九七年にシチェイン▲が研究を発表して確定した。母の母アンナは、ドイツ人とスウェーデン人の両親から生まれたことが知られており、当時の首都ペテルブルク出身のルター派の女性であった。

レーニンの父はロシア帝国の最底辺から身を起こし、カザン帝国大学を卒業して学士になり、中学校の教師から官吏となり、世襲貴族にのぼりつめたツァーリ国家の社会的上昇のモデルケースのような人であった。こういう場合によくあるように、子どもたちは父の生家との交渉はほとんどもたず、もっぱら母の実家のカザン県コクシキノでばかり夏休みを過ごすことになった。

ヴォルガ川は「母なるヴォルガ」とロシア民謡に歌われる。しかし、十六世紀半ばまではアジア人の川であった。だからレーニンの時代にも、ヴォルガ川の中下流域には、タタール人(モンゴル人)をはじめ、多種多様なアジア系諸民

▼カザン　ヴォルガ川の方向が東から南へ曲がり、大河となるところにある町。ロシア帝国第四の都市。ここはカザン・ハン国の首都であったので、タタール人が多く住んでおり、町は「アジア的」といわれる。カザン帝大は有名である。

▼シチェイン　ミハイル・ギルシェヴィチ　ペレストロイカ以後にレーニンの家系について『ウリヤーノフ家とレーニン家——家系と筆名の秘密』(一九九七年)を書いた。

族が住んでおり、ロシア人とこれらの異族人との緊張した関係が続いていた。しかしレーニンの生まれたシムビルスクという町は、十九世紀のヴォルガ旅行案内によると、「古い、地方的な、アメリカ化されない(現代化していないという意味だろう)、オブローモフ▲的な、貴族的なロシアの最後の生き残り」と評されている町であった。当然ながら、成り上がりの新貴族イリヤ・ウリヤーノフの一家はこの町の貴族社会との付き合いはなかったであろう。

遅い目覚めと兄の処刑

レーニンは、一八七九年八月にシムビルスク中学校に入学した。校長は、後年ロシア革命でレーニンが対決する、臨時政府の首相ケレンスキー(六三頁用語解説参照)の父であった。校長はヴラジーミル少年の勉強ぶりを認めて、一年のときから優等賞を与えた。レーニンが二年生であった一八八一年三月に、皇帝アレクサンドル二世が首都ペテルブルクの路上で「人民の意志」党▲の爆弾テロルで暗殺されるという大事件が起こった。聖堂で弔意をあらわす祈禱会がおこなわれ、兄のアレクサンドルは衝撃を受けた様子であったと姉アンナは書

▼オブローモフ　シムビルスク出身の作家ゴンチャロフの長編小説(一八五九年)の主人公。オブローモフは善良であり、高度の知性をもつ貴族青年であるが、ヴォルガ河畔の領地でのんびりと暮らして、なに一つ自分ではしない。仕事もしないし、恋もしない、結婚もせずに一生を終える。オブローモフ気質というのは、ロシア人の一つの代表的なタイプとして論じられた。

▼「人民の意志」党　一八七〇年代の青年たちは「大改革」体制批判のナロードニキ運動を展開した。その最後の局面が七九年に結成された「人民の意志」党執行委員会の運動である。皇帝を殺害するテロによって専制体制をおいつめ、憲法制定会議の開設をかちとることをめざした。

いている。皇帝を敬愛する父は、家のなかでこの事件について話すことを許さなかった。一一歳のヴラジーミルは国民一般の悲哀の感情をともにしていたのであろう。

レーニンは思想的な発達の面では奥手であった。四歳年上の兄のアレクサンドルはペテルブルク帝大の自然科学部に入学し、六歳年上の姉アンナはペテルブルクのベストゥージェフ女子高専に入った。ヴラジーミルは、この姉と兄からは刺激を受けず、とくに兄とは気質が違ったので、反発し合っていた。兄が家で過ごした最後の夏、マルクス▲を読む兄のそばで、中学校最上級のレーニンが、寝転んでトゥルゲーネフ▲の小説を読んでいたというのは有名な話である。

したがって、この兄が一八八七年三月、皇帝アレクサンドル三世暗殺未遂事件の犯人の一人として逮捕されたというニュースは、一七歳のヴラジーミルを心底驚かせた。兄は、早くも五月八日には処刑されてしまう。その衝撃はあまりにも大きかった。兄アレクサンドルが皇帝アレクサンドルによって処刑されたという事実は、革命家レーニンの出発点に横たわる事件であった。

この兄の事件は、そのものとしてみれば、「人民の意志」党のテロリスト闘

▼カール・マルクス（一八一八～八三）　ドイツの思想家・革命家。エンゲルスとともに『共産党宣言』（一八四八年）と『資本論』（第一巻一八六七年、第二巻一八八五年、第三巻一八九四年）を刊行し、「科学的」と称する画期的な社会主義理論の体系をつくりだした。マルクス主義と呼ばれるその理論は二十世紀の世界に大きな影響をおよぼした。

▼イヴァン・トゥルゲーネフ（一八一八～八三）　ロシアの作家。その作品、『猟人日記』（一八五二年）、『ルージン』（一八五六年）、『貴族の巣』（一八五九年）、『その前夜』（一八六〇年）、『父と子』（一八六二年）、『けむり』（一八六七年）は日本語に訳され、愛された。

ヴォルガ川流域

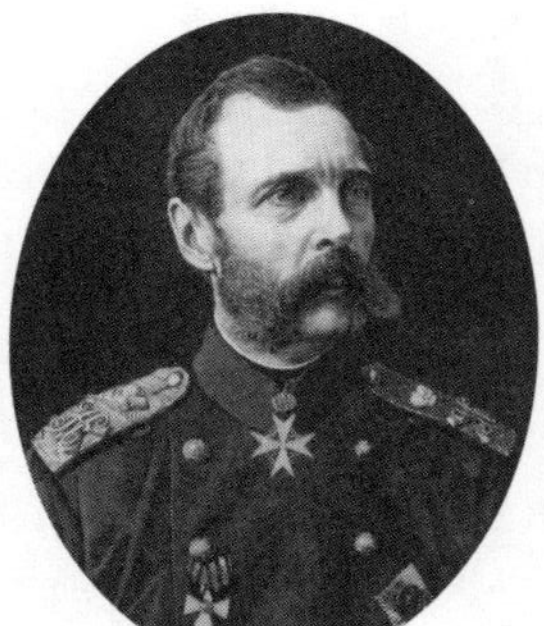

アレクサンドル二世（一八一八〜八一）　クリミア戦争末期に即位し、敗戦を受け入れ、国の近代化のための「大改革」を断行した。農奴解放、司法改革、地方自治制の導入、大学改革、工業化、鉄道建設などが皇帝の強力な権力によって実施された。しかし、政治改革はなされなかった。一八七〇年代にはナロードニキ運動の批判を受け、八一年に「人民の意志」党に暗殺された。

アレクサンドル三世（一八四五〜九四）　暗殺された父帝のあとを継いで即位し、一八八一年四月、専制護持の詔書を出した。大学、言論の取締りを強化し、ユダヤ人に対する圧迫を強めるなどの抑圧政策をとったが、国民各層の不満に対して配慮する政策をおこない、体制の安定化をはかった。外交的には、ドイツ、オーストリア＝ハンガリーとの同盟から露仏同盟への大転換をおこなった。ウィッテを重用し、シベリア鉄道建設など工業化政策を進めた。

中学校時代のレーニン（一八八七年）

レーニン（一八九一年）　ペテルブルク帝大卒業検定試験受験願書に貼られたもの。

争がアレクサンドル二世暗殺を成就しながらなにごとも生み出さず、ツァーリズムの進めた近代化のなかで、革命党組織の解体だけが進行する閉塞状況の産物であり、最後にあらわれた幼稚なテロリズムの試みでしかなかった。テロリスト志向のペテルブルク帝大生グループに誘い込まれたアレクサンドル・ウリヤーノフは、事件が発覚して首謀者らが逃亡したあと、進んで事の責任をとったのである。その潔い態度は、この事件のほとんど唯一の救いであった。彼を含め八人が死刑の判決を受け、うち五人が処刑された。

兄の処刑以後

父イリヤは幸いなことに事件が報じられる前年に死んでいた。母マリヤは一身に地域社会の非難を受け、一家はシムビルスクを去らなければならなくなった。母は家を売って、自分が父から受け継いでいたカザン県コクシキノの領地に引っ越した。しかし、ケレンスキー校長はこの事態のなかでも、中学校を卒業するレーニンに成績優秀の金メダルを与え、カザン帝国大学法学部入学に向けて推薦状を書いてくれた。

▼**チェトヴェルゴーヴァ**　マリヤ・チュパヴロヴナ（一八四五～?）　チューリヒ大医学部で学び、革命家になって帰国した。産婆となって革命運動をおこなおうとしたが、逮捕され、流刑された。一八八〇年代にカザンにもどることが許された。

▼**チェルヌイシェフスキー**　ニコライ・ガヴリロヴィチ（一八二八～八九）革命思想家・文学者。サラトフの聖職者の息子で、ペテルブルク帝大を卒業して、首都で雑誌の編集者となった。一八六四年に七年の懲役刑と終身シベリア流刑の判決を受け、服役した。八九年に病気のため郷里にもどされ、すぐに死亡した。

▼**サマーラ**　ヴォルガ川中流域の町。鉄道が中央アジア方面に延びて、その方面からの物資が運ばれてくるため、商業が発達した。

　レーニンは八月、カザン帝大法学部に入学した。帝大の左翼学生の間では、「アレクサンドル・ウリヤーノフの弟」は誘いかけの対象と意識された。彼は市内にある女性革命家チェトヴェルゴーヴァ▲の「人民の意志」派サークルでも歓迎された。ところが、十二月四日に起こったカザン帝大の学生集会に参加して、退学処分を受けてしまった。別に彼が特別の活動をしたわけではない。付和雷同した一年生が大逆犯の弟だと目をつけられて、たちまち退学処分になったのである。彼はカザンを離れ、コクシキノでの自宅謹慎を命じられた。

　兄の処刑までは社会問題に関心をもたず、カザン帝大で国事犯の弟として特別の目で見られたときも、いまだ勉強はなにもできていなかったレーニンにとって、コクシキノでのこの一冬の読書が、革命への旅立ちを用意することになった。チェルヌイシェフスキー▲の小説『なにをなすべきか』がレーニンを決定的にゆさぶった。チェルヌイシェフスキーは、ヴォルガ川のサマーラ▲の先、サラトフ出身の大知識人で、雑誌『現代人』の編集長として一八六〇年代、「大改革」期の革命青年たちに大きな影響を与えた。一八六二年に逮捕されて、獄中で書いたのがこの小説である。

ロシアでは一八六一年に農奴の解放がおこなわれたが、それと時を同じくして、知性の解放と女性解放を求める運動が起こった。男はこれまで女を抑圧してきたのだから、平等な夫婦関係をつくるためには妻にも、恋愛し、他の男の子どもを産むことまでの行動の自由を認めなければならない、という主張がなされた。まがった棒をまっすぐにするためには、逆にまげなければならないという「天秤棒の逆曲げ」理論である。チェルヌイシェフスキーは、自身、そのような考えを実践した人であった。『なにをなすべきか』は、「理性的エゴイズム」をモットーとして、個人の独立、男女の平等を追求する「新しき人々」の生活を描こうとしたものである。女主人公ヴェーラの実践を励ますのが、革命家ラフメートフである。オリジナルな本しか読まず、全国をまわって肉体労働に従事して民衆と交わり、拷問にたえるために針を植えたベッドの上に寝て鍛錬し、女性の愛を斥（しりぞ）けるという禁欲的な人物である。長い間、『なにをなすべきか』はロシアの青年たちのバイブルであり続けた。レーニンはラフメートフに深い印象を受け、自らも「発動機中の発動機、地の塩の塩」たる革命家として生きんと決意したのであろう。

一八八八年九月、レーニンは国内の帝大、国外の大学に再入学することの許可を願い出たが、許されなかった。ただし、カザンにもどることだけは許されたので、母とともに移り住んだ。カザンでは「人民の意志」派サークルに出入りして、マルクス『資本論』の講読に参加した。ついで彼は、プレハーノフの著書『われわれの意見の不一致』（一八八五年）を読んだ。この結果、マルクス主義に開眼し、その立場を受け入れていった。

翌八九年五月、レーニンの母はシムビルスクの家を売った金でサマーラ県にフートル（家付き農場）を買い、子どもたちとともに移り住んだ。レーニンに農場を経営させようとしたと思われる。五カ月間レーニンは努力したが、近在の村の農民との関係がまずくなり、この企て（くわだ）を断念せざるをえなかった。農業経営、農家の暮しが本質的にレーニンには合わなかったようである。

同年九月、サマーラ市内に移ってのち、レーニンは、スクリャレンコ▲のサークルに入って理論研究を積み重ねていたが、翌九〇年五月、ペテルブルク帝大の卒業検定試験を受けることを許されて、そのための準備を始めた。これは大変な勉強を要することであったが、レーニンは必死に勉強した。そして、帝大

▼スクリャレンコ　アレクセイ・パヴロヴィチ（一八七〇〜一九二六）　中学校卒業後に活動を始め、逮捕された。釈放後サマーラにもどり、マルクス主義的なサークルを組織していた。

法学部の卒業検定試験を受けるため、一八九一年三月から四月にかけてペテルブルクに滞在し、試験の一部を終えた。このとき首都で勉学中の妹オリガがチフスで死亡している。試験の続きはこの年九月から十一月にかけて、ふたたび首都に滞在してすませた。彼はめでたく卒業資格をとり、一八九二年一月、サマーラの弁護士ハルディンの弁護士補となった。

だが結局、彼は一年半ほどで、このポストで働くのをやめることになった。民事・刑事の小さな事件の弁護をすることに意義を感じられなかったのだろう。姉アンナの回想では、レーニンにとってはサマーラでの生活はチェーホフ▲の『六号室』▲に等しかったという。仕事以外の時間で彼はマルクス主義の勉強に没頭していた。彼はしだいに、首都に出てこの勉強に集中したいと考えたのである。

レーニンは兄の処刑後、革命にめざめて本を読み、考えてきたが、彼は兄のようにこれまでの「人民の意志」派、ナロードニキ、テロリズムの伝統の流れに立つことを否定したようにみえる。兄のみじめな失敗を自分は繰り返さないという決意で、マルクス主義・プレハーノフ派の線に立って、ロシア革命の道

▼チェーホフ アントン・パーヴロヴィチ(一八六〇〜一九〇四) ロシアの作家。モスクワ帝大医学部を卒業し、医者をしながら、小説を書いた。同時代のロシア人の生活を描いた多くの作品を書いたが、戯曲『イヴァーノフ』(一八八七年)、『かもめ』(一八九六年)、『ワーニャおじさん』(一八九七年)、『三人姉妹』(一九〇〇〜〇一年)、『桜の園』(一九〇三〜〇四年)も名高い。

▼『六号室』 チェーホフの中編小説で、一八九二年の作。鉄格子のなかに閉じこめられていながら、自由のための闘争をめざす精神病院の患者と、鉄格子のなかも病院の外も変わりがない、平安は心の持ち方だという医師との論争を描いている。六号室は精神病院の病室を指す言葉となった。

を開くという野心をいだいたのではあるまいか。

　一八九一年の大飢饉は、安定的に成長するかにみえた近代ロシア社会のはらむ深刻な矛盾に対する警鐘を鳴らし、無気力に慣らされていたインテリゲンツィア▲に覚醒をもたらした。この飢饉はロシア資本主義発展の矛盾のあらわれであると考えるナロードニキ系の人々が先頭を切って、積極的な行動に出た。「人民の意志」派、ナロードニキ、テロリズムの伝統が再生してきたのである。このなかで、飢饉を資本主義発展の不足の結果と考えるマルクス主義派・社会民主主義派は、まったくの少数派として孤立していた。

　レーニンはスクリャレンコのサークルで勉強会をしながら、「やはりこのままではだめだ、自分がマルクス主義青年が集まっている首都に出て、彼らと一緒になって、運動の状況を変えるために働こう」と考えたものと思われる。

　一八九三年八月、レーニンは一家がモスクワに移るのに合わせて、自分は一人ペテルブルクに出ることに決めた。この決断は相当に無謀なものであった。弁護士補の職をやめれば収入はなくなるのである。彼の選択は、母の承認をえなければならなかったはずである。しかし、長男を国家に殺されたこの母は、

▼インテリゲンツィア　知識人のこと。「批判的に思惟する個人」(ラヴロフ)の集合体と考えられていた。

次男も世間的な生活を捨て、自分の革命的な信念を活かす道に飛び込むというのを承認して、生涯資金を援助することを約束してくれたのである。そして、姉妹も弟も彼を助け、彼の道に従って生きることになる。これはロシアではめずらしいことではなかった。このような驚くべき家族ぐるみの支援によって、ロシアの革命運動は成り立っていたのである。

首都での経験

首都に出たレーニンは、紹介状をもらった工業高専生ラトチェンコ▲らのマルクス主義サークルに入った。そのような活動を続けながら、ペテルブルク帝大のマルクス青年たちとも交渉をもった。一八九四年六月、彼は『「人民の友」とはなにか、そして彼らは社会民主主義者▲といかに闘っているか』を書いて、ナロードニキの権威ミハイロフスキー▲を批判した。この年九月には、ペテルブルク帝大のマルクス青年の代表ストルーヴェ▲が『ロシアの経済発展の問題によせる批判的覚書』なる著書を出版し、大きな反響を呼んだ。ストルーヴェはウラルのペルミで生まれたドイツ系ロシア人で、レーニンと三カ月違いの同年だ

▼ラトチェンコ　スチェパン・イヴァーノヴィチ(一八六九〜一九一二)　工業高専生のマルクス主義サークルの指導者。のちロシア社民党第一回大会で中央委員に選ばれた。

▼社会民主主義者　ドイツから入った言葉。ロシアでは、マルクス主義に立脚する革命家を指す。

▼ミハイロフスキー　ニコライ・コンスタンチノヴィチ(一八四二〜一九〇四)　評論家・ナロードニキ思想家。一八六八年以来、総合雑誌『祖国雑記』に寄稿し、のち編集者となる。また『ロシアの富』誌にも寄稿した。この時代のインテリゲンツィアの思想的・精神的指導者であった。

った。彼はオーストリアでも勉強し、西欧のマルクス文献にもつうじていた。この本は、ロシアの独自的な経済発展を主張する理論を「ナロードニキ主義」と初めて総称し、その理論を批判して、ロシアにおける資本主義発展の歴史的意義を擁護するものであった。資本主義こそが文化を高めるという主張から、この本は「だめだ。われわれの非文化性を認め、資本主義に学びに行こう」と結ばれていた。レーニンはこの本について論評を書いて、ストルーヴェの「客観主義」に批判を加えた。なかなかのできばえであったから、ストルーヴェもレーニンを認めた。二人はこの段階では、意見の違いはあっても盟友であって、西欧主義は共通の主張であった。

一八九五年四月、レーニンは国外旅行に出て、プレハーノフ、アクセリロード▲らと会った。古参亡命者たちはこの青年の力量を認めた。このころ、ロシアの社会民主主義運動のなかでは、労働者工作のやり方を改め、従来のサークルでの宣伝から日常要求にもとづく煽動に移ることが主張されはじめた。この新風の推進者の一人であったマルトフ▲のグループと、レーニンが属したグループが合同することになった。マルトフはレーニンより三歳年下のペテルブルク帝

▼ストルーヴェ　ピョートル・ベルンガルドヴィチ（一八七〇〜一九四四）　ペテルブルク帝大法学部を卒業。この大学が輩出したマルクス主義者の代表であり、レーニンと親しく交わった。二十世紀に入ると自由主義者となり、「解放同盟」の指導者として活躍する。

▼アクセリロード　パーヴェル・ボリソヴィチ（一八五〇〜一九二八）　ユダヤ人のナロードニキ。亡命し、プレハーノフとともに「労働解放団」をつくり、マルクス主義を受け入れた。社民党結党後はメンシェヴィキとなり、十月革命に反対した。

▼マルトフ　ユーリー・オシポヴィチ・ツェーデルバウム（一八七三〜一九二三）　ヴィリノ出身のユダヤ人マルクス主義者。一八九六年に逮捕され、シベリアに流刑された。のちレーニンと新聞『イスクラ』を刊行した第二回大会でメンシェヴィキの中心となり、レーニンと対立した。しかし、人柄がよく、判断は幅広い人であって、レーニンは最後まで友人として対した。

大生のユダヤ人青年であった。合同したグループはのちにペテルブルク労働者階級解放闘争同盟と名乗るようになる。

　その名称が生まれる前に、一八九五年十二月九日、レーニンは逮捕された。彼は一年二カ月ペテルブルクの獄につながれた。その間の一八九六年六月、首都の綿工業労働者一万八〇〇〇人は一〇時間半労働要求のゼネスト▲に立ち上がり、労働者の力を満天下に示したのであった。

▼九六年六月ゼネスト　首都の綿工業労働者は、労働時間一三時間を一〇時間半に短縮せよという要求を掲げて、ゼネストをおこなった。五月二十七日から始まったストが六月三日にピークになり、一万五七二六人のストとなった。政府は企業家と話し合い、一八九七年六月三日に労働時間の限度を一一時間半とする法律を公布した。

●ペテルブルクの労働者階級解放闘争同盟のメンバー（一八九七年）　前列右からマルトフ、レーニン、クルジジャノフスキー。レーニンの一時保釈中に撮影された。

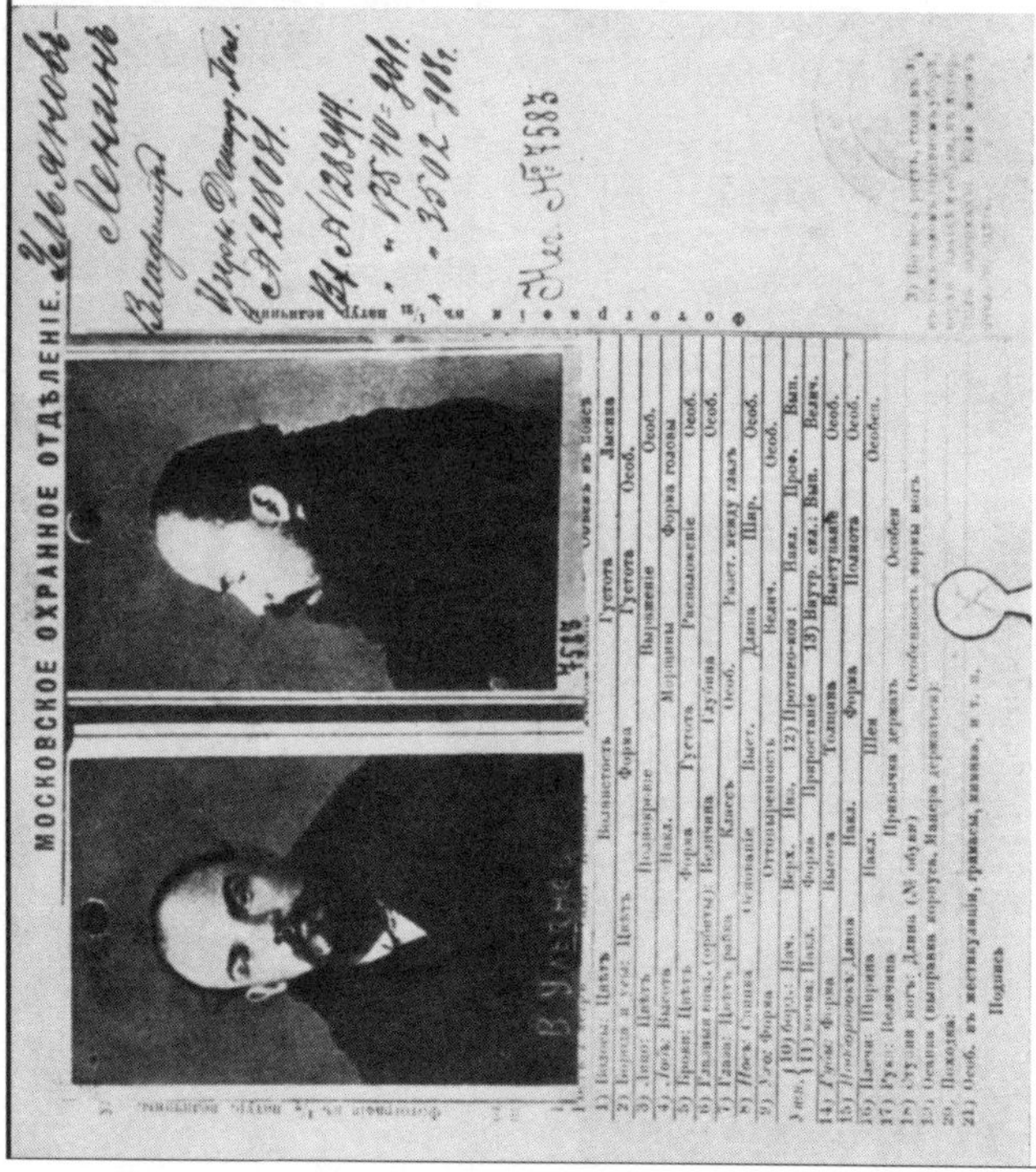

●モスクワ保安部のレーニン・ファイル　一八九五年に逮捕されたあと作成された。

②—志をえられぬ歳月

シベリアにて

レーニンは一八九七年一月、東シベリアへ三年の流刑に処せられ、五月八日エニセイ県のシュシェンスコエ村に到着した。翌年、流刑地の変更を認められたペテルブルク時代の同志クルプスカヤがここに到着し、七月十日に二人は結婚した。ペテルブルクの獄にいたときから、レーニンはさらなるナロードニキ批判のために、ロシア経済の分析を進めていた。その成果として世に問うたのが、一八九九年刊行の『ロシアにおける資本主義の発達』である。この書物は、ナロードニキのロシア資本主義分析の柱である国家の経済政策と国際的な経済関係に注意をはらわず、もっぱら農民層の分解▲と小手工業の分解に注目して国内市場が形成される、資本主義はロシアで発展するということを論証しようとしたものである。これではロシア資本主義の発展の全過程を「全体として考察し、描き出す」ことは不可能であった。また、ロシアにおける資本主義の発展は、すでに万人が認める事実であったため、この本が人々の注目を集めること

▼**農民層の分解**　商品経済・市場経済のなかで小農民、小生産者が両極に分解すること。つまり、他人を雇う小資本家・小経営者にのし上がる少数者と零落して他人に雇われて働く労働者になる多数者に分かれるという過程が起こるのである。それは商品生産者と商品購買者からなる市場の拡大であり、資本主義の発展の基礎だと考えられる。これがマルクス主義経済理論だとされた。

●—シベリア地方

●—**クルプスカヤ**　ナジェージダ・コンスタンチノヴナ(一八六九〜一九三九)　ペテルブルク生まれ。ベストゥージェフ女子高専卒業後、労働者工作をしていて、同じ組織のレーニンを知った。一八九六年に逮捕され、投獄中にレーニンと婚約し、九七年、シベリアの流刑地で結婚した。以後レーニンの生涯無二の同志として生きた。レーニンについて回想を残す。

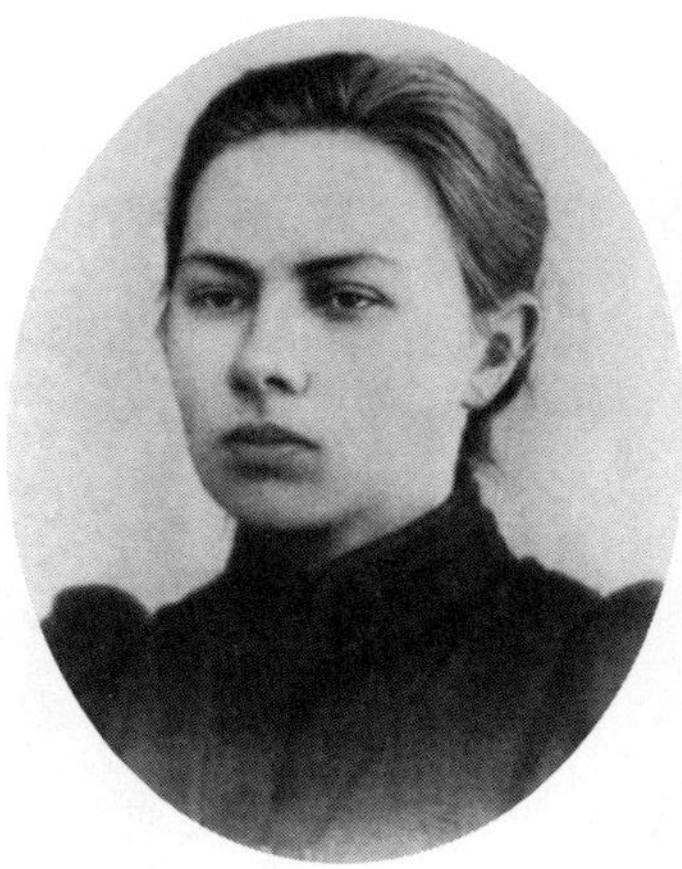

はなかったのは当然である。

世紀末には、資本主義の発展とともにマルクスの経済理論が広まっていたが、蘇（よみがえ）った革命運動の主流は相変わらずナロードニキ系、「人民の意志」系であった。ロシア社会民主労働党▲（以下、社民党）は、創立大会を一八九八年、ミンスクで開いた。採択された宣言はストルーヴェの手によるものであった。ストルーヴェ自身はこののち、ベルンシュタイン▲の修正主義に急速に傾斜し、一足飛びに自由主義に転換した。創立大会の出席者九人中五人が、警察に逮捕された。

イスクラ時代と『なにをなすべきか』

一九〇〇年一月末、レーニンは刑期を終えてシュシェンスコエ村をあとにした。彼はしばらくプスコフに滞在し、マルトフ、ポートレソフ▲らペテルブルク時代の仲間とともに、社民党の全国的政治新聞を出す企（くわだ）てを話し合った。七月、彼はポートレソフとスイスへ赴き、プレハーノフと新聞発刊について相談した。このときのプレハーノフの尊大な態度はレーニンたちをひどく苦しめたが、な

▼ロシア社会民主労働党　ロシアにおける最初のマルクス主義の結社は一八八三年に国外でプレハーノフらがつくった「労働解放団」であったが、これは少数の亡命者の団体であった。プレハーノフらの影響を受けて各地に生まれたマルクス主義青年グループの代表が集まって全国的政治団体をつくろうとしたのが、九八年のロシア社会民主労働党の創立であった。ドイツ社会民主党のロシア版にしようという意気込みであったが、実質的には創党にはいたらなかった。だから、一九〇三年にブリュッセルで開かれた第二回大会と呼ばれるものが実質的な創党大会である。

▼エドゥアルド・ベルンシュタイン（一八五〇〜一九三二）　ユダヤ人、ドイツ社民党の指導者。一八九〇年代後半に修正主義の理論を唱え、社会民主党を修正資本主義の党に導いた。

▼ポートレソフ　アレクサンドル・ニコラエヴィチ（一八六九〜一九三四）モスクワ生まれ。ペテルブルク帝大を卒業し、ペテルブルクの労働者工

んとか話はまとまり、一九〇〇年十二月、『イスクラ(火花)』が創刊された。レーニンは亡命者としての生活を始め、クルプスカヤとともに『イスクラ』の工作者を国内各地に派遣し、その地に社民党委員会を組織させるように努力した。

一九〇一年春、ペテルブルクとモスクワをはじめ全国の大学所在都市で、学生の街頭闘争が起こり、これに市民・労働者が呼応して参加するというかたちで空前の高揚が起こった。この運動は、学生の懲罰徴兵を決めた文部大臣ボゴレーポフ▲に対するテロルと結びついていた。一八八〇年代から九〇年代にかけて続いた社会の沈黙、運動のまったき沈静のあとで起こったこの高揚は、自然発生的(スチヒーヤ的)なものであった。一九〇一年末に生まれたナロードニキ系のエスエル党(革命的社会主義者党)は機関誌『革命ロシア』第四号に論文「スチヒーヤ的革命と意識的革命党」という論文を掲げ、革命の「スチヒーヤ的な流れ」が権力の「防波堤」をこえている、この「スチヒーヤ的過程へ積極的に介入」せよと主張した。社会民主主義者のなかにも、『ラボーチェエ・デーロ』派のように、運動の高揚に熱狂する者もあらわれた。この状況のなか

作組織で活動した。レーニンらとともに逮捕され、シベリアに流刑された。社民党分裂時にはメンシェヴィキに属し、十月革命後、亡命した。

▼ボゴレーポフ　ニコライ・パーヴロヴィチ(一八四六〜一九〇一)　モスクワ帝大を卒業し、同大学ローマ法教授をへて、総長となった。退任後、一八九八年に文部大臣となったが、学生運動を抑えるため、懲罰徴兵制を導入した。そのため、学生たちの抗議の的となり、一九〇一年二月、ドイツ留学から帰ったカルポーヴィチに撃たれ、半月後に死亡した。

でレーニンが書いたのが、『なにをなすべきか』である。一九〇二年三月に出たこの本は、レーニンが初めてレーニンのペンネームで出版した本であり、内容的にも、レーニンがまさにレーニンになったことを告げる作品であった。

レーニンは「大衆のスチヒーヤ性と社会民主主義派の意識性」を対置してとらえ、詳しく論じた。スチヒーヤ性(スチヒーイノスチ)とは、「自然発生性」と訳される。これは「スチヒーヤ」という名詞から生まれた言葉である。「スチヒーヤ」は極めて独特な言葉で、他の西欧語に例をみない。ギリシア語の「ストイヘイオン(元素)」に発する言葉で、ロシア語では「自然現象」「自然力」を指す言葉として使われている。

このときレーニンは、「労働運動のスチヒーヤ性の前に拝跪(はいき)する」傾向に反対し、労働者階級は「自分の力だけでは」組合主義的意識しかつくれない、資本賃労働関係そのものの揚棄をめざす社会民主主義的意識は「外から」、党からのみもたらされる、「プロレタリアートのスチヒーヤ的な闘争は、強固な革命家の組織に指導されないうちは、……真の「階級闘争」になりえない」と主張した。

　このレーニンの思想は、まさにこのときから巨大な力として動き出すロシア革命のスチヒーヤに対して、レーニンがその外に立って、外から働きかけていく立場に身をおくことを必然化することになったのである。民衆市民の革命の高まりに全的に自己同一化をはかるエスエル党とは決定的な違いであった。

ロシア社会民主党の二大分派

　一九〇三年七月十七日、ベルギーのブリュッセルで社民党第二回党大会が開かれた。これは事実上の結党大会であり、党綱領を初めて採択したが、同時に規約案をめぐってボリシェヴィキとメンシェヴィキという党内二大分派が発生した大会でもあった。分裂は、党員は党組織に参加して活動する者だとレーニンが主張したのに、マルトフが党に「規則的に協力する」者と資格をゆるめるように主張したところから始まった。レーニンが厳格派で、マルトフは柔軟派という差があらわれた。レーニン派はボリシェヴィキ(多数派)と名乗り、マルトフ派はメンシェヴィキ(少数派)と呼ばれるようになったところに、レーニンの政治性が発揮されたというべきである。

ロシア社民党は綱領によれば、社会主義革命をめざすが、当面は専制権力を打倒し、憲法制定会議を開き、民主共和国を実現する革命を目標とするものであった。農業綱領は、農奴解放のさい旧領主が農民分与地から切り取った「切り取り地」の返還を要求するという消極的な立場であった。この点では、「土地の社会化」、つまりすべての土地私有をなくし、均等＝勤労原理にもとづく全人民の財産とすることを要求したエスエル党におよばなかった。レーニンは一九〇三年に『貧農に訴える』という農民向けのパンフレットを書いたが、それは農民が自己解放のためになにをしなければならないかを訴えるものではなく、都市からきた社会民主主義者を助けるためになにをしなければならないかを農民に訴えるものでしかなかった。当然、このパンフレットは、エスエル党からの批判をあびた。

一九〇五年革命始まる

一九〇四年一月二十六日(二月八日)、極東で日本との戦争が始まった。この戦争は国内では極度に不人気であったので、革命諸党はどの党も敗戦主義的な

▼プレーヴェ　ヴャチェスラフ・コン

立場をとったが、なかでもレーニンは、日本の国家はこの戦争でツァリーズムを打ち破ることによって、「革命的な役割をはたしている」といい切るほど、最強硬であった。戦争に対する国民の不満が高まるなかで、エスエル党戦闘団は一九〇四年七月に、強圧的な政策で国民の恨みを買っていた内務大臣プレーヴェ▲を爆弾テロルにより暗殺した。これが国民的な反政府感情の高揚をもたらすことになった。後任の内務大臣は当然に融和路線をとったので、「自由主義者の春」と呼ばれる政治空間が出現した。ストルーヴェも加わる解放同盟が指導権を握り、ゼムストヴォ議員▲たちや弁護士ら自由業の人々が民主化と立憲制を求める「宴会」というかたちで政治的集会を連続的に開いた。

そのような雰囲気のなかで、旅順陥落のときを待っていた首都の公認労働者親睦団体の責任者、司祭ガポンが決定的な行動に出た。一九〇五年一月九日(二十二日)、数万のペテルブルクの労働者とその家族は、ガポン組合の支部ごとに集まり、皇帝の座所である冬宮をめざして、請願書をもって行進を開始した。請願書には、ツァーリのもとにプラウダ(正義・真実)の実現を求めて行く、それがかなえられなければ皇帝の宮殿の前で死ぬほかないと書かれていた。こ

スタンチノヴィチ(一八四六〜一九〇四) バルト・ドイツ人。官吏の息子で、モスクワ帝大卒。ペテルブルク高等法院検事から一八八一年に内務省警保局長、一九〇二年に内務大臣となった。強硬な弾圧策をとり、国民の怨嗟の的となったため、暗殺された。

▼ゼムストヴォ 一八六四年に設置された地方自治機関のこと。西部諸県を除き、ヨーロッパ・ロシア三四県とドン軍管区に設置され、郡と県におかれた。郡ゼムストヴォは選挙で選ばれた郡会と郡会が選ぶ郡参事会、県ゼムストヴォは郡会から選ばれる県会とその県会が選ぶ県参事会からなっている。ゼムストヴォの任務は、初等教育、医療、道路整備、統計、郵便、保険、農業技術援助、緊急時の食糧確保などに限定されていた。選挙は地主・都市居住民・農民共同体の三つの範疇の選挙人によっておこなわれたが、貴族地主の影響力は圧倒的であった。ゼムストヴォが国政について発言することは許されていなかったが、自由主義的な貴族地主たちは、この組織を使って、国会開設を求め続けたのである。

の決死の民衆には軍隊の威嚇も効果がなかった。各所で、前進する民衆に銃撃が加えられ、多数の人々が殺された。この「血の日曜日」事件によって、ロシア革命の幕があがった。一九〇五年革命である。

革命はまさにスチヒーヤの革命であった。革命党派は最初はエスエル党も社民党も民衆のうねりの外側にいた。首都での虐殺のニュースは、翌日にはスイスのレーニンにも伝わった。レーニンは、首都労働者の「革命的本能」を感じ取り、熱狂した。それは、まぎれもなく「スチヒーヤ」に脱帽することにほかならなかったのである。しかし、「スチヒーヤ」批判の思想はなお残り、ボリシェヴィキは革命にうまく乗ることができなかった。労働者の自主的組織を重視したメンシェヴィキのほうがはるかに積極的に活動できたのである。

レーニンが重視したのは武装蜂起の準備であった。そのために彼は党大会の開催を推進した。四月十二日、基本的にはボリシェヴィキだけで党大会を開き、これを第三回党大会と称した。武装蜂起の準備と並んで、この大会の重要な論題となったのは、臨時革命政府の問題であった。メンシェヴィキは、すでにブルジョア民主主義革命の段階では臨時革命政府に参加すべきでないとの主張を

ガポン　ゲオルギー・アポロノヴィチ(一八七〇〜一九〇六)　ポルタヴァ県の農民の子で、司祭になった。ペテルブルク神学大在学中から労働者に対する奉仕活動を始め、一九〇四年には警察の許可をえて、「ペテルブルク市ロシア人工場労働者の集い」を組織するにいたった。その組織をあげて、皇帝への請願書行進を組織し、一九〇五年革命の幕を開けた。〇六年に身近な協力者であったエスエルの技師に殺害された。

冬宮　首都における皇帝の居城。ラストレリの設計で一七五四〜六四年に建設された。一八八〇年には革命党のテロリストにより地下室が爆破されたことがある。革命後は国家に移管され、全体がエルミタージュ美術館となっている。写真は上が正面、下が裏面。

打ち出していた。これに対してレーニンは、一定の条件のもとで社民党代表も臨時革命政府に参加することは「許される」と主張した。こののち「労働者農民の革命民主主義独裁」の樹立をめざすべきだと主張するようになるのだが、そのときも農民がロシアの人民の多数者をなすことを重視し、農民を代弁する党であるエスエル党が臨時革命政府の中心に立つことを前提にしていたのである。一九〇五年革命のときの彼は、自党による権力奪取の考えとは無縁であった。しかしこのような議論すべては、革命の現実と関係をもたない机上の空論でしかなかった。

革命の頂点——自由の日々

革命は、五月の日本海海戦におけるバルト海艦隊全滅ののち、さらに進み、六月には黒海艦隊の戦艦「ポチョムキン公爵」号の反乱▲にいたった。農民の運動が秋になって高揚した。国民の各層が参加する市民革命・国民革命は巨大なスチヒーヤの力としてロシア全土に高まっていき、十月には全国政治ゼネストに発展した。ついに十月十七日(三十日)、ニコライ二世▲は屈服して、政治的自

▼戦艦「ポチョムキン公爵」号の反乱　一九〇五年六月十四日、黒海艦隊の戦艦で水兵の反乱が起こった。食事に出された腐った肉に怒った水兵たちの行動であった。水兵たちはオデッサの市民と交歓し、大きな印象をつくりだした。

▼ニコライ二世(一八六八〜一九一八)　ロシア帝国最後の皇帝。皇帝としての統治能力・意志力・責任感において欠けるところがあった。世界戦争のなかで皇后とラスプーチンによって押し切られ、大臣の人事において彼らに従い、大失態を演じた。一九一七年、二月革命によって打倒され、身柄を拘束された。十月革命政権によって、皇后、皇太子、四人の大公女とともに、エカチェリンブルクで殺害された。

由を与え、国会開設を約束する十月詔書を発した。

ついに自由の空間が出現したのだ。亡命者たちは祖国へ急いだ。レーニンも十一月初めジュネーヴを出発して、ロシアへ向かった。五年ぶりの帰国であった。十一月八日、彼はペテルブルクのフィンランド停車場に着いた。このころ、首都でもモスクワでも労働者代表ソヴィエト▲が生まれ、活動しはじめていた。レーニンは、ジュネーヴ出発の直前、「われわれの任務と労働者ソヴィエト」を書いた。それは、ボリシェヴィキのなかに「党か、ソヴィエトか」と対置して、超党派機関をきらう傾向があることを誤りとして、ソヴィエトを「臨時革命政府の萌芽」だと積極的に評価する論文であった。ペテルブルクへ来て、レーニンはソヴィエトの会議に出席し、発言もした。だが、そこではレーニンの批判者であったトロツキーが主役を演じていた。レーニンはソヴィエトの会議に出席しなくなった。

一九〇六年憲法体制のなかで

革命は、専制君主制を打倒するまでにいたらず、十月詔書の獲得をピークと

▼労働者代表ソヴィエト　各工場の労働者から一定の基準で代表を選ばせ、その代表を集めて開く常設会議体のことである。一九〇五年革命の頂点で、十月にペテルブルクに生まれたが弾圧された。一七年の二月革命で首都に新たに生まれ、労働者兵士代表ソヴィエトとして、民衆革命の基本組織となった。十月革命はこのソヴィエトを基礎として、レーニンの政府を生み出した。ソ連の「ソ」は「ソヴィエト」の意味である。

して下降線をたどっていた。十二月のモスクワ蜂起の敗北後、その傾向は決定的になった。始まった国会選挙に革命党派はみな参加しようとしなかった。一九〇六年四月二十三日、憲法▲が皇帝によって定められた。他方でこの月、社民党はようやく統一大会を開いた。この大会で党改革はなったが、農業綱領についてはレーニンの土地国有化案は採択されず、妥協による曖昧な綱領が採択されたにとどまった。

この年の夏には、第一国会が解散されたのに抗議して、バルト海艦隊の拠点で反乱が起こり、首都の労働者はストに入ったが、それ以上には展開しなかった。首相ストルイピン▲は共同体を壊す土地改革を打ち出し、事態を打開する積極策に出た。

一九〇七年春、ロンドンで党大会(第五回)が開かれ、レーニンはこれに出席したが、その直後の六月三日、ストルイピンは第二国会を解散し、新選挙法▲の公布をおこなった。革命派は、今度はほとんどなんの抵抗もできなかった。レーニンにも警察の追及が迫り、この年一二月半ばすぎにフィンランドのクオッカラを去り、ストックホルムへ脱出した。反動の時代が到来した。レーニンにと

▼一九〇六年憲法　一九〇五年革命のなかで民衆運動においつめられた専制体制は一九〇五年十月十七日、十月詔書を出し、基本的人権を認め、国会を開設することを約束した。革命が後退するなかで、政府は国家基本法(憲法)を専制政府部内でまとめ、〇六年に公布した。第四条は「全ロシア皇帝に最高専制権力が属す」と述べている。国会と国家評議会の開設は書きこまれるも、専制は残ったのである。

▼ストルイピン　ピョートル・アルカジエヴィチ(一八六二〜一九一一)貴族軍人の子。ペテルブルク帝大を卒業して、内務省に入り、一九〇三年にサラトフ県知事、〇六年に内務大臣、〇七年に首相となった。共同体を壊して個人自営農を創出する改革をめざした。しかし、国会と国家評議会を乗り切って、必要な法案を成立させることが難しくなり、行き詰まったすえに、謎の状況で元警察エージェントに暗殺された。

▼新選挙法　一九〇七年六月三日に公布された。第一、第二国会で政府批判議員が多かったことから、土

って苦しい二度目の亡命生活が始まったのである。

反革命が勝利する情勢のなかで、統一社民党は千々に分裂した。メンシェヴィキもボリシェヴィキもそれぞれ分解した。ボリシェヴィキ派は、運動から足を洗った者、左の「フペリョート」派▲、右のボリシェヴィキ調停派、そしてレーニン派の四つに分解したのである。レーニンは、変わらぬ片腕のクルプスカヤのほかには、わずかにカーメネフとジノーヴィエフをつなぎとめた程度であった。『一九〇五―一九〇七年のロシア第一次革命における社会民主党の農業綱領』(一九〇八年)と『唯物論と経験批判論』(一九〇九年)がこの時期の彼の代表作であるが、前者は全党には受け入れられなかったボリシェヴィキ派の土地国有化論を述べたものであり、後者は一九〇五年革命時のボリシェヴィキ派のナンバーツーで、今は袂を分かったボグダーノフ▲の哲学理論を批判したものであった。

新党の結成へ

この反動期をレーニンは、ジュネーヴとパリで過ごした。パリ時代の一九一

地所有者からの代表の比率を大幅に引き上げ、農民からの代表の比率を半減し、一部の非ロシア民族地域からの代表をゼロにする選挙法改正を国会審議なしに公布した。これによって第三国会の顔ぶれは政府与党中心のものに変わった。

▼「フペリョート」派　一九〇五年革命のあと、ボリシェヴィキのなかに生まれたボグダーノフを中心としたグループ。新哲学・経験批判論を取り入れて、革命理論の再構築をめざした。レーニンは著書『唯物論と経験批判論』で厳しく批判した。

▼ボグダーノフ　アレクサンドル・アレクサンドロヴィチ(一八七三〜一九二八)　ハリコフ帝大卒。ボリシェヴィキ。一九〇五年革命時、ボリシェヴィキ内でレーニンに次ぐ地位を占めた。革命後、「フペリョート」派なる理論グループをつくり、哲学論争を展開し、レーニンと対立した。政治活動を離れ、十月革命のころは、プロレタリア文化創造の運動をしていた。

〇年秋、イネッサ・アルマンドという女性党員がレーニンの組織に入り、しだいにレーニンのもっとも忠実な協力者となっていった。レーニンは一九一一年春には、パリ近郊のロンジュモに党学校を開き、国内から有望な労働者活動家を集めた。その後、この生徒の一人であったオルジョニキーゼ▲に指示を与えて国内に派遣し、国内諸組織の説得にあたらせた。

オルジョニキーゼの工作は実って、レーニン派とメンシェヴィキ党維持派▲の代表を集めた党協議会が一九一二年一月にプラハで開かれた。この協議会は、ロシア社会民主党の再建を決め、レーニン以下の役員を選出した。旧党の再建というかたちはとったが、実質的にはボリシェヴィキ党という新党結成にほかならない。レーニンはこのとき初めて自分の党というものをもつにいたった。

この直後の四月、シベリアのレナ金鉱での労働者虐殺に抗議して、全国の労働者が立ち上がり、新たな高揚の開始を告げた。レーニンの新党はこの波に乗り、拡大をとげた。レーニン自身も六月には、ペテルブルクから新聞が三日遅れで届くオーストリア領ポーランドのクラクフへ移り、そこから運動を指導するようになった。大戦前夜、レーニンの党は六人の国会議員、部数四万の日刊

▼オルジョニキーゼ　ゲオルギー・コンスタンチノヴィチ（一八八六〜一九三七）　グルジア人。補助医学校で学び、一九〇三年にボリシェヴィキになる。二月革命でシベリアからもどり、十月革命のときはペトログラードで活動した。三二年には重工業人民委員を務めていたが、のちスターリンと衝突し、自殺した。

▼党維持派　一九〇五年革命後、一九〇六年憲法体制のもとで、メンシェヴィキは党の非合法組織を解消し、全面的に合法面だけの活動に限定するという路線に傾いた。この主張を「解党派」と批判して、非合法組織を中心とする党をあくまでも維持することを主張する人々があらわれた。彼らが「党維持派」と呼ばれた。

カーメネフ　レフ・ボリソヴィチ（一八八三〜一九三六）　本名ローゼンフェリト。ユダヤ人鉄道技師の子。モスクワ帝大生のとき、逮捕され、郷里チフリスへ送還された。国外へ脱出し、レーニンに会い、以後ボリシェヴィキとして活動した。十月革命の前夜に権力奪取に反対した。革命後は党政治局員・副首相を務めた。スターリンと対立して、二六年に解任されたが、二八年復党、三二年ふたたび除名され、三三年再復党したが、三六年に公開裁判で処刑された。

ジノーヴィエフ　グリゴーリー・エフセエヴィチ（一八八三〜一九三六）本名ラドムイリスキー。ユダヤ人。学校に行かず、独学で革命思想を受け入れ、一九〇二年に亡命し、レーニンに会う。以後ボリシェヴィキとなり、大戦前夜からレーニンと行動をともにする。二月革命後、封印列車で帰国。十月革命の前夜に権力奪取に反対した。革命後は党政治局員・コミンテルン議長。スターリンと対立して、二六年に解任されたが、二八年復党、三二年ふたたび除名され、三三年再復党したが、三六年に公開裁判で処刑された。

イネッサ・アルマンド（一八七四〜一九二〇）　フランス人のオペラ歌手を父とし、イギリス人の女優を母として生まれ、両親の死後、モスクワの叔母に育てられた。叔母が家庭教師をしていたアルマンド家はロシア化したフランス人実業家の家であった。そこの長男と結婚して、四人の子どもを産んだ。その後、夫の弟と関係をもち、五人目の子どもを産んだ。この間に彼女はトルストイ、チェルヌイシェフスキー、おそらくレーニンを読むようになり、急進的な思想の持ち主になっていった。警察の監視を受け、流刑にも処せられた。一九〇七年に逮捕され、流刑にも処せられた。彼女がパリでレーニンに会って、どれほど感激したかは、想像にかたくない。

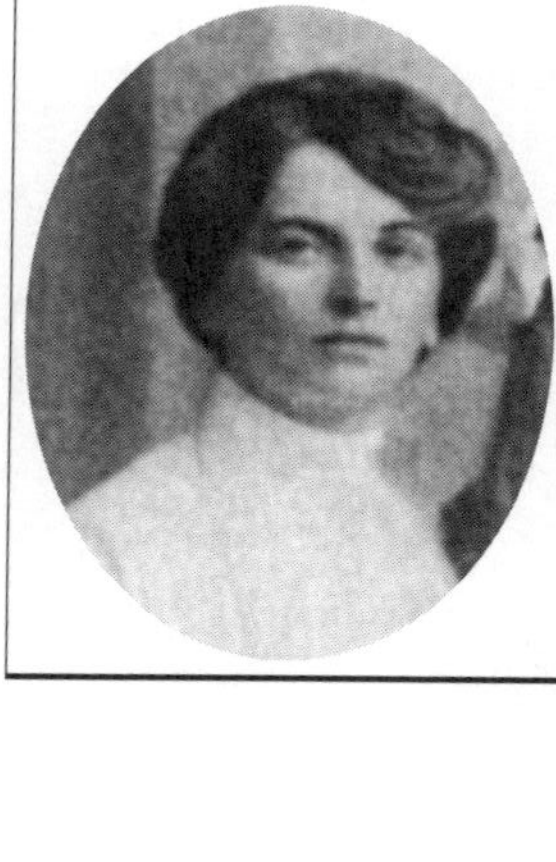

合法新聞をもち、首都の労働運動の主導権を握るにいたっていた。

レーニンの生活面でも変化があった。一時ロシアへもどっていたイネッサが一九一三年秋にクラクフへ来て、しばらく滞在したうえで、年末にスイスへ去った。このちレーニンはイネッサに出す手紙のなかで、特別な親密さをあらわす二人称、「君(tyi)」を使いはじめたのである。イネッサもレーニンに対して恋愛感情をいだいていたとみられている。この関係は一九一四年七月、世界戦争の開始まで続いた。

③—世界戦争のなかでの開眼

開戦の衝撃

　ヨーロッパ全体を巻きこむ大戦(第一次世界大戦)が起こったとき、レーニンはオーストリア領ポーランド、クラクフ近くのポロニンに住んでいた。一九一四年六月十五日(二十八日)にオーストリア帝位継承者フェルディナント夫妻がサライェヴォで暗殺されたことには、おそらくまったく無関心であったのだろう。インターナショナル▲の本部から、七月半ばブリュッセルで開かれるロシア社民党各派代表者会議に代表を派遣されたしとの連絡を受け、その対策にすっかり気をとられていたのである。レーニンは一九一四年八月にインターナショナルのウィーン大会に合わせて、自派だけの第六回党大会を開くつもりでいた。そのことを認めないメンシェヴィキ諸派が党の統一再建を主張して、インターナショナル指導部に介入を求めた結果、代表者会議の開催が呼びかけられたのであった。レーニンはこの会議がどうなるか気が揉めて、ヨーロッパ戦争がしのびよっていることに気づかなかったのである。

▼インターナショナル　第二インターナショナルともいう。一八六四年にロンドンで結成された、国をこえた労働者社会主義者の世界的団体。国際労働者協会が七一年に内部対立で活動を停止したあと、八九年にヨーロッパの一九カ国の労働者党、労働組合の代表が集まって新しい国際社会主義連合体をつくった。これが第二インターナショナルである。第一次世界大戦の試練にたえて、この組織は存続した。このあり方を批判した人々が、レーニンとロシア共産党を中心にして、一九一九年に共産主義インターナショナルをつくり、第三インターナショナルと称した。

だが七月十一日(二十四日)にはオーストリア政府のセルビアに対する強引な最後通牒が明らかになった。さすがにレーニンも戦争の危険は理解した。彼は翌日彼の "My dear & dearest friend" イネッサ・アルマンドへの手紙に「今晩六時にはオーストリアとセルビアの戦争の問題に答えが出るだろう」と書いた。戦争は二国間の戦争だと考えられている。彼はさらに、「This summer is extremely unhappy」と書いている。嘆きの対象の一つはマリノフスキー▲事件であった。マリノフスキー事件とは、ボリシェヴィキ党の首都選出の国会議員マリノフスキーが議員を辞職して失踪したことを指す。彼は警察のスパイであったことが暴露されかけたので、逃げ出したのである。その疑いをみなが論議するようになったのに、レーニンは最後まで彼を信じ続ける態度をとり、その趣旨で審問委員会の結論を書きあげるのに没頭していた。

七月十五日(二十八日)にオーストリアがセルビアに宣戦布告すると、ロシアは総動員令を発し、七月十九日(八月一日)、ドイツの対ロシア宣戦布告と同時に、オーストリアとドイツに宣戦を布告した。七月二十一日(八月三日)、ドイツはフランスに宣戦布告し、翌二十二日(四日)にはイギリスがドイツに宣戦布

▼**マリノフスキー**　ロマン・ヴァツラヴォヴィチ(一八七六〜一九一八)　ペテルブルクの労働者。一九〇五年革命ではボリシェヴィキとして活動した。一九一〇年から帝政警察のエージェントとなり、以後党内で頭角をあらわし、レーニンの信任をえる。一二年にはボリシェヴィキ党中央委員となり、ペテルブルク県労働者選出国会議員となった。一四年に警察のスパイだと疑われ、逐電した。第一次世界大戦中はドイツ軍の捕虜となっていた。二月革命後に逮捕され、審問で自供した。十月革命後、処刑された。

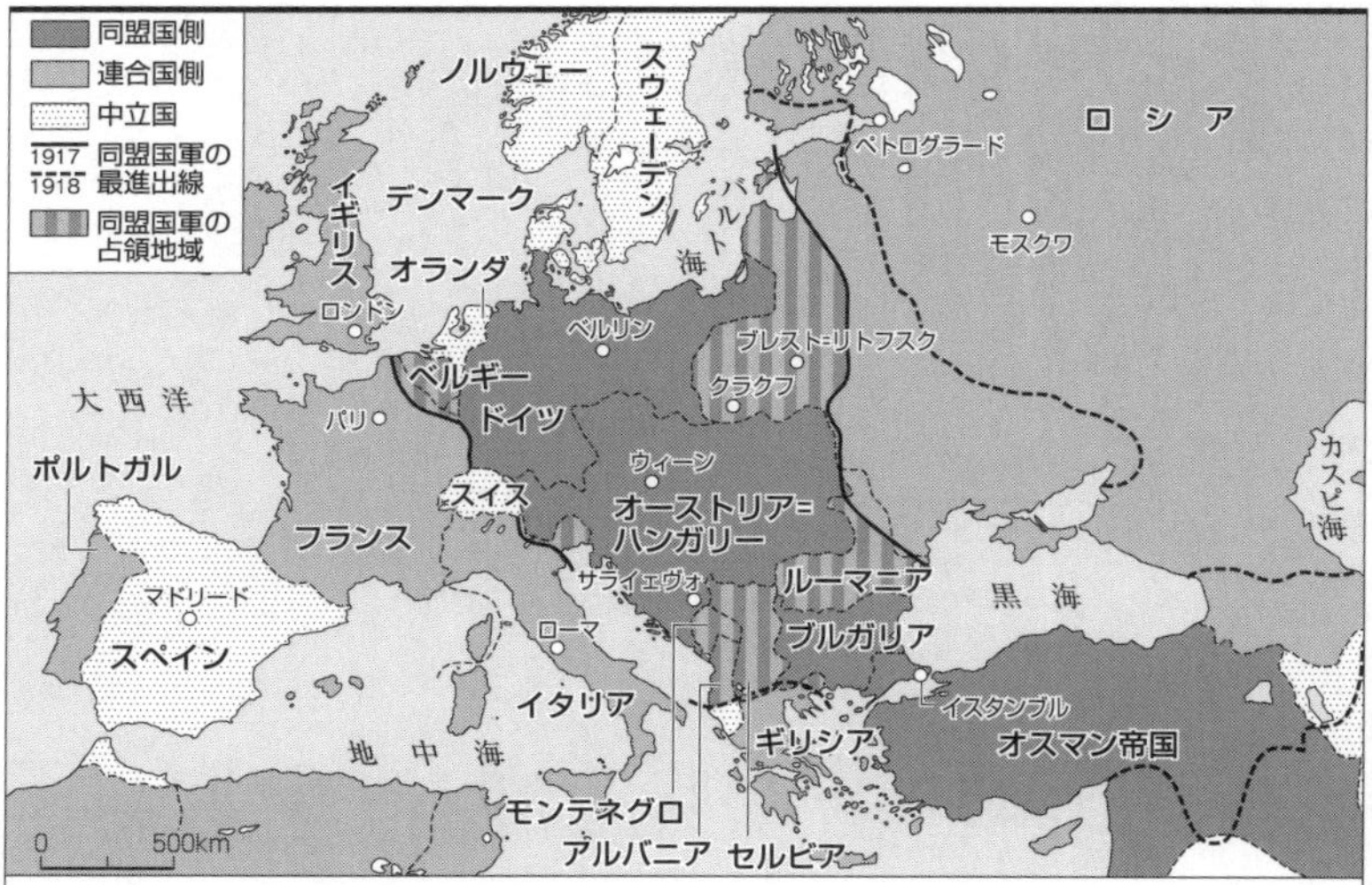

●第一次世界大戦中のヨーロッパ

●ポロニンでのレーニン(一九一四年八月)

告した。ヨーロッパ戦争は出し抜けに起こり、レーニンをものみこんだ。

開戦一〇日後の七月二十五日(八月七日)、レーニンの家はスパイ容疑で現地オーストリア警察の家宅捜査を受けた。そして、翌日ノヴイ・タルグの警察署に出頭したレーニンはそのまま逮捕された。一八九六年にペテルブルクで逮捕されて以来、一八年ぶりの逮捕であった。しかも全ヨーロッパ戦争の前線地域、境界地域においてである。レーニンは大変な衝撃と恐怖を感じたであろう。

ポロニンにいた同志のハネツキ▲が必死に働いて、オーストリア社民党のヴィクトル・アドラー▲に援助を頼みこむことができた。アドラーの奔走でようやく一〇日後にレーニンは釈放され、クラクフへ移り、そこから中立国スイスへ出ることができたのである。八月二十三日(九月五日)に、レーニン夫妻はチューリヒに到着した。二人はその日のうちにベルンに移り、そこに定着した。

今や全ヨーロッパが戦争に巻きこまれていた。連帯して戦争に反対することを誓っていた各国の社会主義者は、ほとんど例外なしに戦争に協力し、第二インターナショナルはあっという間に瓦壊した。レーニンにとってもっとも深刻であったのは、この戦争に不意を打たれ、この戦争がどうして起こったのかを

▼**ハネツキ**　ヤーコフ・スタニスラヴォヴィチ(一八七九〜一九三七)　ポーランド人。ポーランドの社会民主党で活動していたが、一九〇六年からロシア社民党に入り、一二年からレーニンを助けた。第一次世界大戦中はドイツ側と連絡をもち、革命後は外交官を務めた。大テロルで処刑された。

▼**ヴィクトル・アドラー**(一八五二〜一九一八)　ユダヤ人でオーストリア社会民主党の創立者・国会議員。一九一八年、新生オーストリアの外相となった。

とらえる明瞭な理論が彼にはなかったことである。世紀の初めから幸徳秋水（こうとくしゅうすい）▲やホブスン▲やヒルファーディング▲が、帝国主義の登場について論じてきた。しかし、レーニンはそのことを一度も検討してこなかったのである。

最初の反応

九月五日から六日にかけて、レーニンは最初のテーゼ「ヨーロッパ戦争における革命的社会民主主義派の任務」を書きあげた。始まった戦争を「ブルジョア的、帝国主義的、王朝的戦争」と呼んでいるのは、あまりに平凡である。具体的には帝政を打倒し、「共和制的ヨーロッパ合州国」をめざすとしているというのも、お茶を濁した反応にすぎなかった。それでいてレーニンは、戦争している両派は「残虐行為と野蛮な行動」の点で違いはない、どちらにも「武器を差し向ける必要がある」ときっぱりと主張した。ロシアの労働者階級の見地からすれば、「ツァーリ君主制とその軍隊の敗北」が「最小の悪であろう」といい切ったのは、日露戦争以来の彼の絶対的な革命家感覚がなさしめたことである。このテーゼは、ベルン・グループの決議として広められた。

▼幸徳秋水（一八七一〜一九一一）　最初は新聞記者。一九〇一年に『廿世紀之怪物帝国主義』を刊行し、〇三年に『社会主義神髄』を書いた。同年平民社を結成し、非戦論を唱え、日本の社会主義運動の力を示した。大逆事件で処刑された。

▼ジョン・ホブスン（一八五八〜一九四〇）　イギリスの経済学者。フェビアン協会に属した穏健な社会主義者であった。主著『帝国主義』を一九〇二年に刊行した。

▼ルドルフ・ヒルファーディング（一八七七〜一九四一）　ドイツの経済学者で、社会民主党の指導者の一人。主著『金融資本論』を一九一〇年に刊行した。

しかし、開戦によって大きな衝撃を受けていたレーニンは、このあと図書館にかよって、ヘーゲル▲の『大論理学』を読みはじめた。自分の認識能力を鍛え直そうとしたのである。このノートがのちに彼の「哲学ノート」となる。

十月にはレーニンは、ロシア社民党中央委員会の名で宣言「戦争とロシア社会民主党」を発表する。内容はベルンの決議と変わりがない。ただ「帝国主義戦争を内乱に転化せよ」という運命的な主張が新たに加えられている。さしあたり、これは言葉だけの打ちあげにすぎない。レーニンの研究は、哲学ノートから帝国主義について立ち入った集中的な研究になかなか進まなかった。

一九一五年二月十四日(二十七日)から十九日(三月四日)にかけて、ベルンで党の在外支部協議会が開かれた。この会議は、レーニン提案で新しい決議を採択した。そこでは、「この戦争は、資本主義が最高の発展段階に達し、商品の輸出ばかりでなく、資本の輸出もすでにもっとも本質的な意義をもち、生産のカルテル▲化と経済生活の国際化とが著しい規模に達し、植民地政策がほとんど地球全体の分割をもたらし、世界資本主義の生産力が増大して、民族国家の区分というかぎられた枠を乗りこえ、社会主義を実現する客観的諸条件が完全に

▼**ゲオルク・ヴィルヘルム・フリードリッヒ・ヘーゲル**(一七七〇〜一八三一)　ドイツの哲学者で、「ドイツ観念論哲学の完成者」といわれる。主著『精神現象学』(一八〇七年)、『大論理学』(一八一二〜一六年)、『法の哲学』(一八二〇年)などがある。

▼**カルテル**　鉄鋼や石炭などの特定の部門で、企業間の協定により市場を独占する形式。

成熟した――そういう時代の諸条件から起こったものである」との「帝国主義」戦争規定が与えられていた。のちの著書『帝国主義』に直結する把握であるが、「金融資本」という規定が欠けており、ヒルファーディングの『金融資本論』もまだ読んでいないようである。

この会議にブハーリン▲ら若い同志が参加し、レーニンと論戦になった。この若い人々が、平和のスローガンの意義を重視すべきだとして、決議のなかでレーニンが平和主義は「労働者階級を愚弄する」として、全否定の態度を打ち出したのに反対したのである。さらに彼らは、ツァーリ政府の敗北が「最小の悪」だというレーニンの主張にも反対した。しかし結局は、レーニンは自分の意見を押しとおして、ブハーリンたちの意見を斥けた。

ブハーリンの新研究の影響

だが六月になると、レーニンはブハーリンが新しく出る雑誌『コムニスト』のために送ってきた論文「世界経済と帝国主義」を読むことになった。ブハーリンはこの論文のなかで、国民経済において独占の形成が著しく、ヒルファー

▼ブハーリン　ニコライ・イヴァーノヴィチ(一八八八〜一九三八)　モスクワ生まれ。中学生のときから社民党活動に入り、ボリシェヴィキに属した。ウィーン大で経済学を学び、党内で理論家として頭角をあらわした。二月革命後、日本経由で帰国し、十月革命後は『プラウダ』(九五頁用語解説参照)編集長を務めた。ネップを強く支持し、一九二〇年代には長くスターリンと組んで、左派と論戦した。しかし、二九年には農業集団化を強行するスターリンに反対し、右翼偏向だと非難された。のち復活して、『イズヴェスチヤ』編集長をしていたが、大テロルの公開裁判で処刑された。

ディングのいう金融資本への転化が進んでおり、これにもとづいて国外市場獲得と資本輸出が顕著となり、帝国主義政策がとられたことを指摘した。世界資本主義の発展段階を商業資本主義、産業資本主義、金融資本主義の三段階に分け、帝国主義を金融資本主義の政策と位置づけている。他方でブハーリンは、集積の進化の過程で金融資本は国全体を鉄の鎖につなぎ、国民経済を単一のトラスト、「国家資本主義トラスト」に転化させた、戦争がこの国家資本主義トラストを最高形態に発展させると主張した。これは画期的な研究であった。

ブハーリンはベルリンの大学講師マックス・クラーマンのパンフレット『戦争と鉱山業』(一九一五年)から次のような印象的な一節を引用していた。

軍事的考慮に導かれた国家権力の手によっておこなわれる国家維持と国土防衛のあらゆる手段の現在の強力な作用はわれわれを鉱山業においても自然に国家社会主義 Staatssozialismus に一段と近づけている。だが、それは、戦前に恐れられたり、期待されたりしたようなかたちのものではない。われわれが近づいているのは、インターナショナルに弱められた社会主義ではなく、ナショナルに強められた社会主義なのである。これは民主的共産主義ではなく、まして貴族的な階級的統治ではない。階級和解的な国民主義 Nationalismus なのである。

ブハーリンはこのような「戦争社会主義(Kriegssozialismus)」「国家社会主義」は、国家資本主義の本質を美化する言葉にすぎないと批判していた。

レーニンは、ブハーリンのこの論文にある程度感心したようであるが、ただちにはこの論文の検討を始めなかった。彼自身はこの直後、一九一五年七月から八月にかけて比較的長いパンフレット『社会主義と戦争』を書いたが、このなかでなされた帝国主義の説明は、二月のベルン会議決議でのそれとほぼ変わっていない。

一九一五年末になって、ブハーリンはレーニンに手紙を出し、『コムニスト』に載った論文に書き足したものをパンフレットにして出すので、序文を書いてもらいたいと頼んできた。レーニンはただちにその頼みを聞きいれ、序文を書いて送った。この序文のなかで、レーニンはブハーリンの仕事が「最近の資料にもとづいて」豊富に事実を選び出したものであり、「帝国主義に関わる世界経済の基本的要素を、一つの全体として、最高度に発展した資本主義の発達の一定の段階として考察している」点を「学問的意義」だと述べている。ここでも、なお「国家資本主義トラスト」論にも「国家資本主義」論にもまったく言及せず、問題にしていない。

だが革命論の面では、世界戦争がレーニンにもたらした決定的な変化が一九一五年末にあらわれた。それは、戦争を支持した社会主義者とは一緒に臨時革命政府をつくらない、プロレタリアート(無産階級)の党として権力を握ることをめざすと決意したことである。これは「一九一五年テーゼ」(同年十月)において、初めて打ち出された。まさに世界戦争のなかで、レーニンは自分の党が権力を握って革命を推し進めることを決意するにいたったのである。

> もしも革命によってプロレタリアートの党〔ボリシェヴィキ党の意味である〕が今日の戦争のなかで権力の座につけられることがあれば、プロレタリアートの党はなにをなすかという問いに対しては、われわれはこう答える。われわれはすべての交戦国に対して、植民地の解放とすべての従属、被圧迫、無権利の諸民族の解放とを条件とする講和を提案するであろう。現在の政府のままでは、ドイツも、イギリスも、フランスも、この条件を

> 受け入れない。そうなれば、われわれは革命戦争を用意して、遂行しなければならないであろう。すなわち、……現在大ロシア人に圧迫されているすべての民族、アジアのすべての植民地と従属国……を系統的に反乱に立ち上がらせるようになり、さらにまた……ヨーロッパの社会主義的プロレタリアートを……反乱に立ち上がらせるだろう。

世界戦争を生み出す帝国主義・資本主義を打倒するためには、植民地解放・民族解放の運動と結合して革命戦争を闘うとしたのである。

『帝国主義』論の完成

　一九一五年末、ロシア国内のゴーリキー▲の出版社「パールス」から、叢書『戦前戦中のヨーロッパ』を出すので、その総論を執筆してほしいという依頼を受けたレーニンは、これを機会にようやく自分の帝国主義論を書くことを決意した。一九一六年一月中旬より構想をねり、二月にはチューリヒに移って系統的に文献を読み、執筆にかかって六月十九日(七月二日)脱稿した。これが彼の名高い『資本主義の最高の段階としての帝国主義』である。

▼マクシム・ゴーリキー（一八六八〜一九三六）　本名ペシコフ。ロシアの文学者。一九〇二年の戯曲『どん底』、〇七年の小説『母』などで作家として名声をえたが、つねに革命運動に同行した知識人であった。最初の妻はエスエルで、一九〇五年革命当時の愛人はボリシェヴィキ・シンパの女優だった。一七年のころはもっとも政治化して、穏健派社会主義者の新聞『ノーヴァヤ・ジーズニ』を出して、十月革命を批判した。二〇年代には国外にいたが、三三年に最終的に帰国し、スターリンを支持した。

レーニンとゴーリキー（一九二〇年）
レーニン(中央)の真後ろに立っているのがゴーリキー。

チューリヒでのレーニン（一九一六年）

資本主義は十九世紀末から二十世紀初めに、独占資本主義・帝国主義の段階に入った。独占資本と巨大銀行の「癒着」から金融資本が生まれた。これが資本主義の最高の段階で、寄生性と停滞・腐朽が特徴をなしている。そして、列強は世界分割を完了した。その世界を再分割するために起こったのが世界戦争である。帝国主義はカウツキーのいうように「農業地域を併合し、あるいは服従させようとする、産業資本主義的国民の渇望」、すなわち金融資本の好む政策にすぎないというものではない。したがって世界戦争から人類を救うためには、帝国主義政策の転換では不十分であって、帝国主義を打倒しなければならないが、それには資本主義を破壊し、まったく新しい社会をユートピアに従ってつくりださなければならない。世界戦争は社会主義世界革命の時代を開くのだ。

こうしてレーニンは、今や世界戦争から始まる世界革命の時代の到来という展望をもつにいたった。

この原稿を書くためにつくった一一冊ほどのノートのなかに、ブハーリンがあげた国家資本主義関連の本についてのメモは含まれていなかった。わずかにブハーリンがあげたリーフマンの論文「戦争はわれわれを社会主義に近づけるか」(一九一五年)だけがメモされている。レーニンは、リーフマンが社会主義は「夢想」「ファンタジー」にすぎず、社会民主主義者に改良に徹するように勧めているのに反発している。

明らかにレーニンは、ブハーリン理論の核心である「国家資本主義トラスト」論には反対であって、なお戦時経済、「国家資本主義」問題には無関心であったのである。

さてこの間に、ブハーリンのほうは新しい論文「帝国主義国家の理論によせて」を書きあげていた。帝国主義が国家資本主義トラストの対抗体制となるとみた彼が、そこから国家そのものの研究に進んだのは自然のことであり、この論文は前著の直接の続編をなしていた。ブハーリンは論文の冒頭でそのことを明らかにしているが、同時に前著にはみられなかった彼の新しい問題意識、時代感覚ともいうべきものを書きつけている。

同じ帝国主義時代が、諸国民の「国内」生活においても、未曾有の程度にまで国家権力の意義を強めており、この怪物(chudovishche)の触手はあらゆるすき間に入り込み、現代社会生活のあらゆる分野をつかんでいる。

彼は新たなマルクス国家論の研究を加えて、社会主義はこの戦時国家資本主義とはまったく別の次元の社会中心の体制であると主張した。

彼は、前著でも引用したクラーマンの言葉を再度引き、また「社会主義とはその本性上国家的思想(Staatengedankens)を国民経済と社会生活一般に移すことにほかならない」というフィッシャーの言葉をも引用する。そして、これらの考えをはっきりと否定する。

なぜなら、社会主義とは、国家ではなく社会によって指導される、規制された生産である(国家社会主義とはたわごとである)からであり、階級矛盾の廃絶であって、その尖鋭化ではないからである。

ブハーリンはこの論文をレーニン、ジノーヴィエフのもとに送り、『コムニスト』の後継誌として企画されていた『「ソツィアル＝デモクラート」論集』への掲載を求めた。レーニンがこの論文を読んだのは一九一六年八月のことであった。レーニンは一九一六年の初めからピャタコーフ▲、ブハーリンらの民族自決否定論を危険視してその批判に精力を傾けていたので、この論文に対する

▼**ピャタコーフ** ゲオルギー・レオニードヴィチ(一八九〇～一九三七)大学入学前に革命運動に入る。最初はアナーキストだったが、ペテルブルク帝大経済学部に入って、社民党ボリシェヴィキとなった。一九一七年革命当時はキエフで活動した。十月革命後、国立銀行コミッサール(管理責任者)となる。二〇年代は左翼反対派で活動した。大テロルの公開裁判で処刑された。

当初の態度は反発的であった。

「国家社会主義」または「戦争社会主義」への注目

だがレーニンは、年が改まらないうちにブハーリン論文に対する態度を変えるにいたる。「国家資本主義」重視への転換である。

じつは世界戦争のなかで、バルト海にしか外の世界への出口のないドイツでは、軍需品生産のための原料の確保と配分の必要性が早くから意識され、一九一四年八月に、AEG（電機メーカー）の経営者ラーテナウ▲の提案でプロイセン陸軍省に戦時原料局が設置されたのを皮切りに、生産面での国家独占と、私企業に対する各種の国家規制が拡大された。国家はますます生産の組織者・指導者として立ちあらわれた。このようなドイツの戦時統制経済のなかに「経済構造の原則的変化の社会的意味」をみる論者があらわれた。ミュンスターの大学教授ヨハン・プレンゲはそのような「国家社会主義」派の代表的論客であった。彼は一九一五年の著書『戦争と国民経済』のなかで次のように論じた。

「より大きな驚異は、われわれが強制された緊急事態からわれわれの国家

▼**ヴァルター・ラーテナウ**（一八六七〜一九二二）　ドイツの経済人・政治家。電機会社AEGの二代目社長。第一次世界大戦中に戦時経済組織化で中心的な役割を演じ、戦後一九二二年に外相を務めたが、同年、右翼テロで暗殺された。

存在の内的向上をなしたこと、戦時の閉鎖通商国家が経済＝政治的関係において戦前より高く立つ、来るべきドイツ「未来国家」のための土台となることである。」「組織は社会主義である。」未来国家は階級的利害をより高い理念で克服した高められたドイツ国民国家Nationalstaatである。すべてが「世界史的必然」である。「最終的に戦争を生み出した一九世紀の高度経済生活とその随伴現象――社会主義と組織がおなじく必然的に結び付けられている。」「われわれの中に二十世紀がある。戦争がどのように終るにせよ、われわれはモデル民族だ。われわれの思想が人類の生の目標を決めるだろう。」

このような「国家社会主義」論が広がっていたのである。

ブハーリンの論文をつうじてこのドイツにおける動向を知ったレーニンは、「戦争社会主義」を「国家独占資本主義」と呼びながらも、まさにこの現象こそロシアにおける社会主義の現実性を示すものだと考えるにいたるのである。一九一六年十二月二十五日までに書いたとされている「国際社会主義委員会およびすべての社会主義政党にたいする呼びかけのテーゼ原案」において、彼は次のように書いた。

> 戦争中に世界資本主義は、一般に集積に向かって前進しただけでなく、またとくに以前よりいっそう広範な規模で、独占一般から国家資本主義へ一歩前進をとげた。この方向に向かった経済的改革は避けることができない。

これは明らかにレーニンがブハーリンの国家資本主義移行論を受け入れたことを示すものであると同時に、国家資本主義にブハーリンとはまったく異なった意義を付与したことを示すものである。

その考えは、一九一七年一月十八日(三十一日)刊の新聞『ソツィアル＝デモクラート』第五八号に載った論文「世界政治の転換」において、さらに明確に示された。

> 世界資本主義は、二十世紀のはじめには独占資本主義すなわち帝国主義に成長転化したが、戦争の期間にもいちじるしく前進して、金融資本をいっそう大きく集積したばかりでなく、国家資本主義への転化をもたらした。
>
> 今日の社会が社会主義へ移行するのにどの程度成熟しているかは、国民の力の緊張のために五〇〇〇万以上の人間の全経済生活を一つの中心から規

▼ラスプーチン　グリゴーリー・エフィモヴィチ(一八六九〜一九一六)　シベリア出身の宗教家。血友病の皇太子の痛みを抑えるまじないをかけることで皇后の絶対的な信頼と尊敬を受けることになり、一九一五年から皇帝にさまざまな政治的助言をするようになった。そのことで皇帝の権威の低下を決定的なものにする致命的な役割をはたした。ドイツとの講和を勧めているのではないかという見方も広まった。女性の信者に囲まれていて、淫行の疑惑もあった。ついに危機意識をいだいた大貴族と皇族により殺害された。

制するような状態に移ることをよぎなくさせた、ほかならぬ戦争がこれを証明したのである。

この認識によってレーニンは、遅れたロシアもまた、この戦争のなかでの革命によって、社会主義へ向かうことが可能になったと考えるにいたった。世界戦争のなかの革命においてボリシェヴィキ党が権力をめざし、世界戦争と闘い、社会主義革命をめざすという決意を固めたのである。この瞬間にこそ革命家レーニンが真に誕生したといっていい。

これより一〇日ほど前、「血の日曜日」の記念集会で、レーニンは迫りくる革命は「プロレタリア革命」「社会主義革命」でのみありうると断定していた。しかし、「われわれ老人は生きてこの迫りくる革命の決戦を迎えられないだろう」ともいったのである。しかし、それは彼の本心ではなかったのである。

二月革命起こる

一九一七年のロシア革命は、世界戦争の最中、専制権力が自壊現象を起こすなかで起こった。皇族のラスプーチン▲殺害に始まり、ブルジョア市民の革命をめざす勢力が主導して、専制と戦争に反対する首都の労働者がゼネストと街頭デモに立ち上がり、兵士がそれに呼応して反乱を起こし、専制の打倒が実現した。労兵ソヴィエトに認められて、ブルジョア市民の臨時政府が首都に生まれたのである。

革命の第一報をチューリヒのレーニンが知ったのは三月二日(十五日)のことだった。さきの「血の日曜日」記念集会から一カ月しかたっていなかった。レーニンはただちに帰国を考えた。スイス人社会主義者プラッテン▲の助けを借りてドイツ領事と交渉し、ドイツ領をとおってロシアに帰る、いわゆる「封印列車」▲案を認められた。

三月二十七日(四月九日)にレーニン夫妻、ジノーヴィエフ夫妻ら総勢三二人のロシア人亡命者はチューリヒを出発し、四月三日(十六日)にペトログラードのフィンランド駅に到着した。装甲車の上にのぼったレーニンは歓迎する労働者兵士の群衆に挨拶し、「社会主義革命万歳」と叫んだ。帰国したレーニンは臨時政府をいっさい支持せず、労兵ソヴィエトで多数を握り、プロレタリアートと極貧農の権力をめざすという「四月テーゼ」をカーメネフ、スターリンら

▼フリードリッヒ・プラッテン(一八八三〜一九四二)　スイスの社会主義者。レーニンの「封印列車」での帰国に同行した。一九二一年にスイス共産党を創立した。二三年からソ連に住んでいたが、大テロルによって逮捕・処刑された。

▼「封印列車」　二月革命後、中立国スイスにいた亡命革命家が祖国に帰国することを望んだが、そのためには交戦国であるドイツの領内を通過しなければならなかった。ドイツ側はロシアに強力な革命家を帰国させれば、ロシアの混乱がいっそう深まると考えて、便宜をはかる姿勢を示した。だから、帰国を強行すれば、ドイツの手に乗せられる可能性があるとして、反対する意見が出たのも当然だった。レーニンはそのような議論にかまわず、無条件でドイツ側の好意を受け入れて、「封印列車」で帰国することに決めた。「封印列車」とはいっても、レーニンたちは別の車両の一般乗客と話をすることはできた。

国内指導部に提案し、衝撃を与えた。やがてこの第二革命を求める方針が全党のものとなった。

④―峻厳な革命指導者

ジャコバン革命の記憶

二月革命は、これまではほとんど平和的なものだった。軍隊や艦隊のなかでの反乱のさい将校や艦長が殺されることがあっただけだった。しかしこれからはどうなるのか、人々は革命の今後の展開を考え、歴史上最大の革命であるフランス革命から指針をえようとした。レーニン自身にとっても、自分たちがジャコバン独裁▲の道に進まなければならないか否かが大きな関心事であった。

レーニンは一九一七年六月には、ソヴィエト権力をめざす自分たちが「二十世紀のジャコバン派」であると強調した。「一七九三年のジャコバン派は、全国家権力を自分の手に握った勤労被抑圧者の階級の搾取階級に対する真に革命的な闘争の偉大な模範として、歴史に残っている。」だが、レーニンは自分たちは恐怖政治を繰り返さないと述べた。「二十世紀の「ジャコバン派」は、資本家をギロチンにかけはしないであろう。優れた模範の模倣は、たんなる模写ではない」ともいっている。

▼ジャコバン独裁　一七九三年夏からフランス革命の主導権をロベスピエールら、ジャコバン・クラブの人々が握った。独裁を確立し、テロを実施し、革命を深化させようとした。九四年七月、テルミドールの反動によって打倒された。

七月事件で地下に潜行したときのレーニン（一九一七年）

▼**コミューン国家**　一八七一年のパリ・コミューンの経験を、レーニンは常備軍と警察を破壊し、官僚にかわって、選挙で選びいつでも解任できる者を公務員とする国家であるとみた。「国家の諸機能が統制と計算のごとき単純作業に還元され」、住民の大多数が担えるものであるという条件が生まれていると説明している。

レーニンは、七月事件で「ただちにソヴィエトに全権力をわたせ」というデモを主導したとして、臨時政府から逮捕状が出たため地下に潜行した。その間、古いノートを取り出して、「国家と革命」についての新しい本を書きあげた。そのなかで、マルクス主義の国家論の帰結として、ブルジョア国家を廃絶したあとのプロレタリア国家はコミューン国家▲となる、そこでは半国家が死滅していくというユートピアを描き出した。資本主義の文化的達成が管理機能を単純化し、誰にでもできるものとするという幻想が立論の根拠とされた。

秋、ボリシェヴィキの権力奪取を強く求めるにあたって、レーニンはスイスで年の初めに到達した国家社会主義論を再論した「さしせまる破局、それとどうたたかうか」を書いた。ドイツの経済学者らが「戦争社会主義」と名づけているものは、実際には戦時国家独占資本主義である。だが、ユンカー＝資本家国家のかわりに革命的民主主義国家をもってくれば、そのもとでは「国家独占資本主義が不可避的に社会主義に向かっての一歩ないし数歩を意味する」のである。「社会主義とは、全人民の利益をめざすようになった、そしてそのかぎりで資本主義的独占でなくなった、国家資本主義的独占にほかならないのである。」このような国家は当然にコミューン国家ではありえない。

続けてレーニンは、「ボリシェヴィキは国家権力を維持できるか」という論文を書いた。レーニンはなお、穀物の専売制、パンの切符制、全般的労働義務制などがプロレタリア国家によって実施されれば、「この統制と労働の強制という手段は、革命公会やそのギロチンよりも強力である」と主張した。「ギロチンは威嚇しただけであり、積極的反抗を粉砕しただけである。われわれにはそれでは足りない。」

だが、この論文のなかでレーニンは、「古い社会制度が死滅し、新しい社会制度が誕生する、幾千万人の生活の新しい様式が生まれる」革命は、「信じがたいほどに複雑で、苦痛に満ちた過程」であると推測し、「もっとも尖鋭な、猛烈な、必死の階級闘争、内乱」になるだろうと主張した。そして、次のようにいい切った。「例外的に複雑な情勢がないのなら、革命もまたないのである。狼を恐れるのなら、森には入らぬことだ。」

大戦が始まった当初の、「帝国主義戦争を内乱に転化せよ」というスローガンが蘇ってきた。世界戦争という途方もない暴力から抜け出すための革命であるからには、自分たちも途方もない暴力を行使することをためらってはならないと自分にいいきかせているようである。恐れずに内乱にも入っていこうと呼びかけたレーニンは、その内乱の森のなかでは、自らが人を喰う狼になることを予想していなかったのである。

十月革命

ついにソヴィエト左派による権力掌握を求める首都周辺のソヴィエトに依拠して、ボリシェヴィキは行動に出た。十月二十五日(十一月七日)、ペトログラード・ソヴィエト軍事革命委員会は首都の拠点を完全に掌握し、臨時政府が召集した「予備議会」を解散させ、臨時政府は打倒されたと発表した。折から開会した全国ソヴィエト大会はこの変革を認め、レーニン首班のボリシェヴィキ単独政府、人民委員会議を承認した。打ち出された行動綱領は次のような内容だった。民主的講和と即時休戦の提議、地主地などの没収、「軍隊の完全な民主化」と兵士の権利の確立、生産に対する労働者統制、憲法制定会議の召集、都市にパン、農村に生活必需品を供給すること、すべての民族の自決権の保障。

これが十月革命にあらわされた民衆の願いであった。これを実現することをレーニン政府は誓った。

二十六日には、レーニンの提案で「平和に関する布告」と「土地に関する布告」が採択された。「平和に関する布告」は、無併合・無償金・民族自決に立つ講和の即時締結を提議することを定めるとともに、臨時政府が確認、あるいは締結したすべての秘密条約を公表することを明らかにした。さらに「土地に関する布告」は、すべての土地を郷土地委員会と県農民ソヴィエトの手に移し、土地改革を「農民付託要求書」によって進められるべきだとしていた。その意味は、すべての土地を無償没収して全人民の財産とし、自分で働いて耕作する者に均等に分配するということであった。二つの布告は圧倒的な支持を受けた。

冬宮に立てこもった臨時政府の閣僚たちは、二十六日になって逮捕された。首相ケレンスキー▲はそれより前に首都を脱出しており、プスコフの北部方面軍司令部にいたり、クラスノフ将軍のカザーク部隊とともに首都反攻をめざした。三十日、首都の近郊で、この部隊は首都のボリシェヴィキ派兵士・労働者と戦って敗北した。モスクワでも、士官学校生を中心とする反ボリシェヴィキ軍は

▼ケレンスキー　アレクサンドル・フョードロヴィチ(一八八一〜一九七〇)　一九一七年ロシア二月革命の指導者で、臨時政府の首相。シムビルスク中学校長の息子。ペテルブルク帝大を卒業し、弁護士になった。一九〇六年から政治事件の弁護をするようになり、人権弁護士として名声を博した。一二年トルドヴィキから国会議員選挙に立候補して当選し、直後にフリーメーソン組織に入った。一六年末からブルジョア市民革命路線を貫き、二月革命を導いた。最初の臨時政府には司法相、第二次政府では陸海軍相として入り、第三次政府からは首相となった。十月革命で打倒され、亡命した。

敗北した。

「平和に関する布告」が各国政府や民衆に大きな印象を与えたことはいうまでもない。しかし、イギリス・フランスの両政府はこれを無視し、反応したのは東部戦線と西部戦線で挟撃されているドイツだけであった。革命ロシアはドイツ帝国主義との単独講和交渉を開始するところに追い込まれることになった。

「土地に関する布告」は、共同体を基礎にした農民革命の志向に干渉しないという宣言であった。農民は地主を追い出し、土地を共同体の原則で分配する自分たちの革命を進めていた。労兵革命が臨時政府を倒したことが農民革命に自由を与えたのである。

革命的テロルへ

十一月に入って、鉄道員組合全国執行委員会の強い要請もあり、できあがった政府を諸派連合政府にするための話し合いがおこなわれたが、レーニンは終始一貫その動きに反対し、左翼エスエルとのみ連合政府をつくることを求めた。この点ではレーニンの主張がとおった。すでにレーニン政府は、一連の新聞を

▼カデット党　ロシアの国会での

発行禁止にするなど自由を制限しはじめたが、十一月十一日、首都で起こった士官学校生の反乱鎮圧のあとには、トロツキーは降伏した士官学校生を人質としておさえている。「もしもわが方の兵士が敵の手に落ちれば、われわれは労働者一人、兵士一人について士官学校生五人を要求することを知るがいい」と演説している。これは人質制の最初の宣言であった。十二月二日にはカデット党▲の非合法化に関連して、トロツキーは次のように演説した。「われわれは控え目な皮切りの措置をとった。カデットの大幹部たちを逮捕し、各地で監察下におくよう命令した。フランス革命のさいジャコバン派はもっと誠実な人々を人民への反抗のかどでギロチンへ送った。われわれは誰も処刑していないし、処刑しようとしていない。しかし、人民の怒りの時はあるものであり、カデット自身がそれをまねいているのだ。」

革命政権は十二月七日、非常取締り機関たるチェカー▲を設置した。ジェルジンスキー▲を議長とするこの組織は、当初は投機行為の取締りのためのものといわれたが、反政府活動に対する取締りを主たる任務とするものに急速に転化していった。

中道派の中心であった自由主義政党。立憲民主党が正式の名称で、ロシア語で「憲法(Konstitutsiia)」と「民主(Demokratiia)」の最初の文字KとDからカデットという略称が生まれた。一九〇五年十月に結成され、国会議員選挙に参加した。第一国会では一七九議席をとって第一党となったが、〇七年の選挙法改正のあとの第三国会では五三議席に後退した。その主張は穏健で、合法主義を貫き、立憲君主制をめざした。

▼チェカー　一九一七年十二月に創設された全ロシア反革命サボタージュ取締非常委員会。ロシア語で「非常(Chrezvychainaia)」と「委員会(Komissiia)」の最初の文字をとって、CheKaが略称となった。翌一八年から赤色テロルの機関となり、司法的手続き抜きで多くの人々を逮捕・処刑した。

▼ジェルジンスキー　フェリックス・エドムンドヴィチ(一八七七〜一九二六)　ポーランド人ボリシェヴィキ。十月革命後、チェカー議長となり、後継機関ゲペウーの議長にもなった。

▼チェルノフ　ヴィクトル・ミハイロヴィチ（一八七三〜一九五二）　サラトフ県生まれ。モスクワ帝大生のとき逮捕された。タムボフ県で農民工作をおこない、ナロードニキ主義を継承しながら、新しい農民社会主義論をつくりだし、エスエル党綱領を導いた。第一次世界大戦にさいしては戦争反対の立場をとり、二月革命後臨時政府の農相となった。二〇年に亡命した。

▼スヴェルドローフ　ヤコフ・ミハイロヴィチ（一八八五〜一九一九）　ユダヤ人ボリシェヴィキ。一九〇五年革命のさいはウラル地方で活動した。プラハ協議会後党中央委員となる。十月革命後、全ロシア中央執行委員会議長となる。一九年に病死。

レーニン（一九一八年一月）

一九一八年一月五日には臨時政府が準備した憲法制定会議選挙の結果が出て、選出された議員が全国から集まって、憲法制定会議が開会された。七六六人の議員の党派別内訳はエスエル党三七四人、ボリシェヴィキ党一八〇人、ウクライナ・エスエル党八一人、カデット党二四人、メンシェヴィキ党二二人、ウクライナ社民党一一人などであった。議長にはエスエル党のチェルノフ▲が選ばれた。政府席に座ったレーニンの顔は「かつてないほど青ざめていた」といわれる。ソヴィエトの全ロシア中央執行委員会議長のスヴェルドローフ▲が、第三回ソヴィエト大会で採択された「勤労被搾取人民の勝利の宣言」の採択を迫ったが、斥（しりぞ）けられた。会議はエスエル党提案の土地社会化法を採択した。夜、レーニンら政府委員が退場し、六日午前五時、衛兵隊長の命令で議場が閉鎖された。レーニンの政府は夜のうちに、憲法制定会議解散を決定していた。この政府の決定は、憲法制定会議の正統性を重視する勢力がソヴィエト政権に対して反乱を起こす正当性を与えることになった。

内戦の始まり

一九一八年三月、レーニン政府は首都をペトログラードからロシアの中心モスクワへ移した。五月になって本格化した食糧危機を解決するために、ソヴィエト政権は食糧独裁令を公布し、都市から送り込む食糧徴発隊の活動を農村で助ける貧農委員会の組織を指令した。これに対して各地で農民の不満が高まり、反乱が起こった。七月六日、ボリシェヴィキと連立を組んでいた左翼エスエル党▲はたえきれず、ドイツ大使の暗殺という行動に出た。農民と戦争するのでなくドイツとの戦争に進もうという主張の実力行使であった。レーニン政府は一時は首都で孤立し、危機的であったが、レーニンは忠実なラトヴィア人部隊を動員して、左翼エスエル党のこの「反乱」を鎮圧し、切り抜けることに成功した。反乱鎮圧後、ソヴィエト執行委員会の三分の一を占める左翼エスエル党の議員は全員逮捕された。

この事態に慄然としたレーニンはこのとき、ツァリーツィンで工作中のスターリンに知らせて、左翼エスエル弾圧の指示を出している。一九一八年七月七日付の電信である。「われわれは数百人の左翼エスエルを人質にとっている。

レーニン（一九一八年十一月七日）マルクス・エンゲルス臨時記念像除幕式で演説しているところ。

▼**左翼エスエル党**　エスエル党は当初よりさまざまな考えが混在していた党であったが、戦争に対する考え方の違いで、右派・左派に分かれていた。十月革命の前に分裂は決定的になり、十月革命を支持した部分が左翼エスエル党を結党した。一九一七年十一月九日に結党大会が開かれた。スピリドーノヴァ（七一頁用語解説参照）、コレガーエフら若手のほか、老幹部のナタンソーンなども加わった。コレガーエフはレーニン政府に農業人民委員として加わった。しかし一八年七月、左翼エスエル党は反レーニン政府の反乱を起こした。

いたるところで反革命派の手のなかの道具となったこのみじめなヒステリックな冒険主義者どもを容赦なく鎮圧しなければならない。」

昨日まで連立政府をつくっていた左翼エスエルを見せしめに処刑するということはまだ現実的な問題にはなっていなかったが、レーニンは必要なら躊躇しないという姿勢を示したのであり、それをまっすぐに受け入れたのはスターリンであった。彼は「あなたの連絡を受けとった。おこりうる不測の事態を防ぐためになんでもやる。われわれの手がふるえることのないことを確信してほしい」と電報を打ち返している。

首都では左翼エスエル反乱は鎮圧されたが、以後各地で食糧徴発に抵抗する農民の反乱が拡大した。レーニンは自ら各地のボリシェヴィキにこの農民の反乱を徹底的に鎮圧することを指示した。八月九日には、ニジェゴロド県執行委員会議長フョードロフ▲に電報を送った。「ニージニーでは、明らかに、白衛軍▲の反乱が準備されている。全力をふりしぼり、独裁官の三人委員会(君、マールキンほか)をつくり、ただちに大量テロルをおこない、兵士に酒を飲ませる売春婦や元将校などなど数百人を銃殺ないし追放せよ。一瞬の遅延も許されな

▼フョードロフ　グリゴーリー・フョードロヴィチ(一八九一〜一九三八)　一九〇七年からボリシェヴィキ。一九一七年革命では首都で活動。十月革命後、労働人民委員代理。一八年にニジェゴロド県執行委員会議長を務める。二七年、左翼反対派として除名され、復党したが、大テロルで逮捕・処刑された。

▼白衛軍　内戦で反ボリシェヴィキ政権の旗のもと立ち上がった軍隊を総称して、こう呼ぶ。ボリシェヴィキ軍は赤軍と自ら称しているので、こちらを白軍と呼んだのである。

い。」同じ日、ペンザ県執行委員会へも「クラーク▲、坊主、白衛軍軍人に対して無慈悲な大量テロルを断行すること、疑わしい連中は、市外の強制収容所に閉じこめることが必要である」と打電した。さらにペンザ県の農民反乱が深刻化した二日後、レーニンは追加指示を送った。「五郷のクラークの反乱には無慈悲な鎮圧を加えなければならない。革命全体の利害がこのことを求めている。……(1)ハッキリしたクラーク、富農、吸血鬼を少なくとも一〇〇人は吊すこと(必ず民衆がみているところで、吊すこと)。(2)彼らの氏名を公表すること。(3)彼らから穀物全量を没収すること。(4)人質をとること。」

レーニンは絶対強硬という方針を貫くと決心したようである。

レーニン狙撃さる

一九一八年八月三十日、ペトログラードのチェカー議長ウリツキー▲が学生にピストルで撃たれて死亡した。ウリツキー暗殺のニュースはただちにモスクワに届いた。この日は金曜日で、毎週金曜日の工場集会にレーニンはしばしば出かけて、演説をしていた。この日も午後と夕方の二回、演説することになって

▼クラーク　ソ連時代に、篤農を「富農」と呼ぶのに使われた言葉。原意は「拳骨、握り拳」。そこから「がめつく稼ぐ人間」という意味で使われた。

▼ウリツキー　モイセイ・ソロモノヴィチ(一八七三〜一九一八)　ユダヤ人社民党員。二月革命後、ボリシェヴィキに加入した。一九一八年三月よりペトログラード・チェカー議長。

いた。レーニンの妹は今夜は出かけるのを中止してほしいと要請したが、本人は取り合わなかった。レーニンは午後五時に執務室を出て、出発した。運転手ギーリ以外レーニンに付き添う者はいなかった。指導者を守るSPはこのころは存在しなかったのである。

　レーニンはまずバスマン地区の集会で演説し、次いで六時半頃からミヘリソン工場の大集会で演説した。レーニンはここでは、チェコ軍団▲の反乱を全力で押し潰すと演説し、最後に「自由か、死かだ」と締めくくった。集会が終わって、会場の外に出ると、女性二人がレーニンに質問してきた。レーニンが答えていると、レーニンの車の前にいた別の女性がレーニンに向けてピストル三発を発射した。二発がレーニンに当たり、一発は質問していた女性に当たった。レーニンは左の肩の上を撃たれ、その弾は肺の上部を貫通して、首の右側、右の鎖骨のところでとまった。もう一発も左肩の骨に当たり、それを砕いた。大量に出血したが、レーニンは意識を失わなかった。運転手ギーリはただちにレーニンを自動車に乗せて、クレムリンに帰った。ただちにその場を離れたことは正しい対応だったが、ソヴィエト政権には撃たれた指導者を担ぎ込み、措置

▼チェコ軍団　第一次世界大戦でオーストリア軍に動員され、ロシア軍の捕虜となったチェコ人は部隊をつくり、戦場にもどり、チェコの独立をめざしてオーストリア軍と戦いたいと願った。一九一七年九月、チェコ軍団三万人が編制された。この部隊はパリの独立運動本部との連携のもと、シベリア鉄道経由で西部戦線に向かうこととなり、ソヴィエト政府の許可をえて、移動を開始した。しかし、一八年五月、シベリア鉄道の沿線で反乱を起こし、憲法制定会議を擁護するエスエル、メンシェヴィキを助けて、反ボリシェヴィキの行動を起こさせた。チェコ軍団がソヴィエト政権と戦闘状態に入ると、これを助けるという名目でアメリカ軍と日本軍がシベリアに兵を出した。チェコ軍団はヴラジヴォストークからヨーロッパへ逃れた。

をしてもらう病院がまだなかったのである。

レーニンを撃った犯人の女性はその場から逃げずに、逮捕された。ファニー・カプラン、二九歳のユダヤ人女性であった。彼女は初めアナーキストであったが、一九〇七年にアカトゥイの女子監獄に入れられ、同囚のスピリドーノ▲ヴァらエスエル左派の影響を受け、エスエルの思想に変わった。十月革命には不満をもち、憲法制定会議を主張する立場であった。

クレムリンの住まいにもどったレーニンの顔は青ざめていたが、妹に「傷を負った、ただ手に当たっただけだ」と声を出し、両側から人にかかえられながら、三階の居室に歩いてあがった。それから医者が呼ばれたのである。おそらくレーニンも、銃弾を撃ち込まれたショックで平静な判断力を失っていたのだろう。この手当ての遅れが致命的になったかもしれなかった。

赤色テロル宣言と内戦本格化

この夜のうちに、全ロシア中央執行委員会議長スヴェルドローフは声明を出し、レーニンに対するこの攻撃からは「右派エスエルの痕跡、英仏の雇い人の

▼スピリドーノヴァ　マリヤ・アレクサンドロヴナ(一八六四〜一九四一)　左翼エスエル党の指導者。一九〇五年、エスエル党に入り、〇六年、タムボフ県農民運動の弾圧者の将軍を暗殺、二月革命で首都にもどり、十月革命を支持した。一八年、左翼エスエル党反乱を主導して逮捕されたが、恩赦を受けた。地下活動を続け、二〇年に逮捕され、二五年から流刑となり、三七年、大テロルで逮捕・処刑された。

レーニン(一九一八年十月)　職務に復帰し、最初の人民委員会議にて。

痕跡がみつかることは疑いない。」この攻撃には「すべての革命の敵に対する無慈悲な大量テロルをもって応える」と宣言した。九月五日、人民委員会議は「赤色テロル」の発動を決定した。内務人民委員通達はエスエル党員全員を逮捕し、ブルジョアジーと旧軍将校から人質をとることを指示した。ペトログラードで逮捕されていた帝政派の政治家、軍人五一二人がただちに処刑された。こののち、内戦の本格化のなかで赤色テロルが猖獗していった。

　内戦は厳しいものであった。東からはコルチャーク▲の軍が攻め込み、南からはジェニーキン▲の軍が攻めあがった。十月革命の結果、兵士たちが求めた軍隊民主化が実現された。将校は選挙制になり、すべての階級が廃止された。その結果、軍隊の規律が維持できなくなり、旧軍隊は解体した。兵士たちは自由に脱走した。これでは内戦は戦えない。そこでレーニン政権は一九一八年一月に志願制の赤軍を創設し、六月から七月にかけて徴兵制に切り替えたのである。将校選挙制はたちまち廃止された。

　内戦には日本・アメリカ・イギリス・フランスの軍も加わり、恐るべき規模のものとなり、もたらした被害は深刻だった。ソヴィエト政権はこの内戦に勝

▼コルチャーク　アレクサンドル・ヴァシリエヴィチ(一八七三〜一九二〇)　ロシア海軍の提督、黒海艦隊司令長官。二月革命を支持したが、十月革命に反対し、一九一八年、ウファー会議で、反ボリシェヴィキ政権の政府「ロシア国家」の最高統帥者に推戴された。反乱軍を組織し、東からモスクワをめざして攻めこんだが、敗北した。イルクーツクでソヴィエト政権派にとらえられ処刑された。

▼ジェニーキン　アントン・イヴァーノヴィチ(一八七二〜一九四七)　ロシア陸軍の将軍。十月革命後、反ボリシェヴィキ政権の反乱軍を起こし、一九一九年に義勇軍総司令官となる。南方からモスクワをめざして攻めあがったが敗北し、二〇年に国外へ脱出した。

●レーニン(一九一九年三月)

●赤の広場で一九一九年のメーデーをみるレーニン(中央)とクルプスカヤ(レーニンから一人おいて左)

●赤の広場で十月革命二周年のデモをみるレーニン(一九一九年十一月七日)

ち抜く体制を「戦争共産主義」と呼んだ。事実上穀物の全余剰を農民から没収するに等しい割当徴発制は、貨幣を媒介しない経済のかたちを実現していることから、共産主義に近づく道と説明された。工業は零細な工場まですべて国有化され、管理は中央集権化され、原料・燃料も集中的に配給された。労働者の報酬も現物支給となり、職場の条件は軍隊式になった。

この内戦の過程で、一党支配も最終的に固まった。一九一八年三月の第七回党大会でボリシェヴィキ党はロシア共産党と改称したが、一九一九年三月の第八回党大会で、党はソヴィエトのなかで「自らの完全な政治支配を達成する」、一党支配を実現することをめざすことが決議された。さらにこのとき、旧ロシア帝国の各地に生まれた地域的・民族的共産党は、すべてロシア共産党中央委員会に従う支部とされるにいたった。

こうしてソヴィエト権力は強力な戦争国家を確立して、内戦に勝ち抜くことができたのである。

タムボフ農民戦争とネップ政策の採用

一九二〇年夏、白衛軍の主力が打ち破られると、ソヴィエト政権は農民革命の中心地タムボフ県で高まった巨大な農民戦争と対面することになった。この中核には、エスエル党が地下につくった勤労農民同盟があった。掲げるスローガンは「平等、友愛、自由の名における人と馬の解放」である。組織はタムボフ全県に広まり、一九二〇年八月、カメンカ村で反乱が宣言され、アントーノフ▲が率いる第一カメンカ騎兵パルチザン連隊が登場する。一九二一年一月には農民軍は少なくとも一万人をこえており、共産党員はみな村から逃げ出していた。党員一〇〇〇人が殺されているとの報告もある。

ようやくここにいたって、中央政府も事態の深刻さを認識した。レーニンは、厳しい割当徴発制から現物税制への移行によって農民の不満をなだめなければならないと考えて、政策転換を推進し、二月二十四日党中央委員会で決定を採択した。三月の第一〇回党大会で、レーニンはプロレタリアートと農民の「利害は異なっている」と認め、「国家権力を握っているプロレタリアートと農民人口の大多数との協定」が必要であると述べ、割当徴発制を廃止し、余剰を農

▼**アントーノフ**　アレクサンドル・スチェパーノヴィチ(一八八九～一九二二)　タムボフ県農民戦争の指導者。庭園職人の子、小学校卒。一九〇六年エスエル党に入党した。シベリア流刑から帰ったあと、一九一七年革命の過程では、キルサーノフ郡民警隊長を務めた。一八年から農民ゲリラを組織し、ソヴィエト側と戦っていた。二〇年の農民戦争では人民軍第二軍の司令官として大きな役割をはたした。

民が自由に処分できる現物税制の採用を提案した。これがのちにネップと呼ばれる、都市の社会主義権力と農村の農民の間の自由な商業取引の体制となっていく。レーニンは農民に大きな譲歩をおこなったのである。

そのうえでレーニンの指示のもと、タムボフ県反乱の一掃のための全権委員会が設置され、アントーノフ＝オフセエンコ▲が議長に任命された。四月にはトゥハチェフスキー▲が県軍司令官に就任して、総攻撃を開始した。まず命令一三〇号が実践された。反乱の中心地を占領して「匪徒の村」と認定すれば、その村の男子全員を裁判にかけると宣言し、家族を人質にとり、二週間のうちに出頭投降してこなければ、家族を辺境に追放、財産を没収するという命令である。氏名を名乗らない者は即射殺し、家宅捜査をおこない、武器が発見された場合と、匪賊（ひぞく）である家族員をかくまっていた場合には、その家の年長者をその場で銃殺するという命令一七一号も出された。空からの爆撃、砲兵隊の砲撃も加えられ、毒ガスも使用されたといわれる。これらの攻撃で、アントーノフ＝オフセエンコは七月二十日に、「アントーノフの一味は壊滅した」と党中央委員会に打電した。

▼アントーノフ＝オフセエンコ　ヴラジーミル・アレクサンドロヴィチ（一八八三～一九三八）　士官学校を卒業した社民党員。一九〇五年革命で兵士反乱のために活動し、逮捕されたが、脱走して亡命し、ボリシェヴィキに近づいた。一九一七年革命の過程で入党し、十月革命後の政権では陸海軍人民委員となった。一九二〇年代には左翼反対派に属していた。三八年に、大テロルで逮捕・処刑された。

▼トゥハチェフスキー　ミハイル・ニコラエヴィチ（一八九三～一九三七）　帝政ロシア軍の将校であったが、十月革命後赤軍に参加し、軍司令官となる。内戦末期の作戦で注目され、一九二五年に総参謀長、三一年に陸海軍人民委員代理となり、赤軍近代化につくした。しかし、ドイツとの関係を疑われ、三七年、大テロルで逮捕・処刑された。

▼プード　ロシアの重量単位。一プードは一六・三八キロ。

農民に対する譲歩と匪賊となった農民に対する峻烈な鎮圧策――その双方がレーニンの示した顔であった。

一九二一年の飢饉のなかで

ところで、内戦が終わった一九二一年夏、ヴォルガ川流域を中心に恐るべき飢饉が発生した。平年は二九億プード▲ある収穫は一六億一七〇〇万プードにしかならず、国内消費量の六二％にしかならなかった。死者の数は一〇〇万とも、三〇〇万とも、五〇〇万ともいい、人肉を食う者も出る惨状であった。

この惨状に対して、革命後にもロシアにとどまり、権力に対して中立的な態度を維持してきた知識人のなかに、飢饉救援委員会をつくり、国外の支援も呼びこんで、飢民を救済する動きが起こった。臨時政府の国家保護相であったキシキン▲、それに元解放同盟のプロコポーヴィチ▲・クスコーヴァ▲夫妻らがイニシアティヴをとったので、ソヴィエト権力は当然ながら警戒した。しかし、国外からの援助は不可欠であったから、この活動を許したほうがいいということになり、七月二十一日、全ロシア中央執行委員会が全ロシア飢民救援委員会設置

▼キシキン　ニコライ・ミハイロヴィチ（一八六四〜一九三〇）　モスクワの医師。解放同盟員からカデット中央委員となり、第一次世界大戦中は全国都市連合で活動した。二月革命後はモスクワ・コミッサール、のち国家保護相を務めた。十月革命で逮捕され、一九二一年にも逮捕されるが、恩赦され保養事業で働いた。

▼プロコポーヴィチ　セルゲイ・ニコラエヴィチ（一八七一〜一九五五）　貴族軍人の子。ブリュッセル大卒。マルクス主義者であったが、解放同盟に参加し、カデットに入党した。一九〇五年革命後、フリーメーソンに加入。二月革命後、臨時政府の閣僚となる。一九二二年に国外追放。

▼クスコーヴァ　エカチェリーナ・ドミトリエヴナ（一八六九〜一九五八）　独学でナロードニキ運動に参加。流刑となり、プロコポーヴィチと出会い、結婚した。一九〇五年革命では社会活動家として積極的に活動した。一九一二年のフリーメーソンに参加。一九一七年革命では臨時政府支持の活動をした。二二年に国外追放。

に関する一連の決定・法令を採択した。議長にはカーメネフ、副議長にはルイコフ▲が任命され、一二人のボリシェヴィキのほか、文化人、帝政期の官僚、自由主義者たちなど六三人の委員のリストも確定された。ポルタヴァに住む老作家コロレンコ▲が名誉議長に選ばれた。委員会は活動を始め、各地に支部をつくり、募金を進めた。

しかし、この委員会の活動は長くは許されなかった。当初からこの委員会に警戒的であったレーニンは、八月二十六日、スターリンに対して、この委員会を利用して内政干渉しようという動きが国外の援助団体から示されているとして、プロコポーヴィチがこの委員会を隠れ蓑にして反政府演説をしたとの通報を根拠に、即刻解散させることを提案した。プロコポーヴィチを逮捕して取り調べ、他の委員はモスクワから鉄道のない地へ追放し、この委員会を徹底的に嘲笑するキャンペーンを起こすことを命じた。「傷む歯はすぐに抜かなければならない。万事につき大きな利益がある。動揺してはならない」と彼は述べている。

スターリンと政治局がこのレーニンの提案に同調し、翌二十七日に解散命令

▼ルイコフ　アレクセイ・イヴァーノヴィチ(一八八一〜一九三八)　カザン帝大在学中、学生運動で逮捕。シベリア流刑後、ボリシェヴィキとなった。十月革命の過程では、柔軟協調路線をとる。一九二四年からソ連首相。ブハーリン派に属し、スターリンの集団化政策に反対した。三八年の大テロルで処刑された。

▼コロレンコ　ヴラジーミル・ガラクチオーノヴィチ(一八五三〜一九二一)　ロシアの作家。ナロードニキ運動に加わり、シベリアに流刑され、もどってから作家となった。九一年飢饉で活躍した。『わが同時代人の物語』(一九二二年)を出した。

が出された。この日、飢民救援委員会は全員会議を開き、食糧人民委員代理ブリュハーノフ▲の報告を聞いていた。深夜一一時、建物はチェカーの部隊に包囲された。キシキン、プロコポーヴィチとクスコーヴァら七五人が逮捕された。逮捕された人々の多くは、その後国外追放となった。

教会との闘争

飢民救済の活動には正教会も乗り出した。正教会は十月革命後、ソヴィエト政権と対立関係にあったが、この飢饉のなかでチホン▲総主教は、一九二一年八月二十二日、飢民の救援についての訴えを発し、飢民救援全ロシア教会委員会をつくり、義捐金集めを始めた。ソヴィエト政権はこれを好機として、翌年二月十六日の法令で、飢民救援のため教会所有の貴金属、宝石の没収を定めた。当時レーニンは、コミンテルンを創設して全世界に共産主義運動を組織するのに、莫大な資金を必要としており、教会財産を没収して、その資金にあてるという考えが存在した。教会の飢民救済の欺瞞(ぎまん)性を暴露して攻撃するならば、教会財産を没収することが容易になるという判断が、レーニンにはあったと考え

▼ブリュハーノフ　ニコライ・パヴロヴィチ(一八七八～一九三八)　一九〇二年からボリシェヴィキ。ウファーで一九〇五年革命、一九一七年革命に参加。一九二一年に食糧人民委員。大テロルで逮捕・処刑された。

▼チホン　ヴァシーリー・イヴァノヴィチ(一八六五～一九二五)　俗名ベラーヴィン。モスクワ総主教。一九二二年にソヴィエト政府によって「人民の敵」とされ逮捕、裁判にかけられた。しかし、政府は二五年に政策的な配慮から裁判を中止し、釈放した。しかし、彼は釈放直後に病院で死亡した。

られる。

ソヴィエト政権のこの政策に対して、チホン総主教は抵抗の訴えを発し、一九二二年三月には教会と民衆が執行官に対して抵抗を示す動きが各地に起こった。ついに三月十五日、シューヤで流血の衝突が発生した。死者五人のうちの一人は赤軍兵士であったという報告が当局の怒りを呼んだ。三月十九日に、レーニンはモロトフ▲気付で政治局に長文の手紙を送った。彼は、この事態をチャンスの到来とみていた。

飢餓地方では人食いがおこなわれているとき、……まさに今、今だけ、われわれは教会財宝の没収を、もっとも狂ったような、無慈悲なエネルギーをもって実行できるのだ(だからしなければならないのだ)。まさに今、今だけ農民大衆の大多数がわれわれの側につくだろう。

レーニンは数億金ルーブリの教会財宝の没収なくしては、ソ連国家の活動は不可能だといい切り、だからそれを今実行することが必要なのだと説明した。残酷な措置が必要なら、「もっとも精力的に、もっとも短期間のうちに実現しなければならない」と書いた。そして、シューヤに赴き、「少なくとも数十人

▼モロトフ　ヴャチェスラフ・ミハイロヴィチ(一八九〇～一九八六) モーロト(鉄槌)からきた組織名、本名はスクリャービン。総合技術高専生のときからボリシェヴィキ党活動に入った。一九一七年革命前夜は首都で活動。一九二二年、党書記となり、二六年に政治局員となった。スターリンのもっとも忠実な部下で、彼のもとで外相・首相を務めた。五七年、フルシチョフに失脚させられた。

●第一回コミンテルン大会での大会議長団（一九一九年）
中央に立つレーニン。その右はプラッテン。

●第二回コミンテルン大会で演説するレーニン（一九二〇年）

の地元聖職者を逮捕し」、モスクワで裁判をおこない、「もっとも影響力ある、危険な黒百人組▲派を相当多数銃殺する」ところにもっていくように指示した。

　レーニンは正教会を徹底的に敵視していたのである。彼の父は正教徒だったが、母はおそらくルター派であったろう。彼にとっては、専制君主制と正教会は否定すべきロシアの旧秩序そのものだったのである。

　四月二十五日のイヴァノヴォでの裁判では、シューヤの三人の聖職者が銃殺刑を宣告され、五月八日に決審したモスクワの裁判では一一人の聖職者が銃殺刑を宣告された。さすがに政治局のなかでも、カーメネフ、トムスキー▲、ルイコフらは処刑に反対したが、レーニン、トロツキー、スターリンはどちらの判決にも賛成し、政治局で承認させた。

▼黒百人組　二十世紀初めのロシアの右翼過激派のこと。一九〇五年に結成されたロシア国民同盟が代表的な組織。革命左派に対して襲撃するなどのテロ行為をおこなった。

▼トムスキー　ミハイル・パヴロヴィチ（一八八〇〜一九三六）　本名エフィーモフ。労働者ボリシェヴィキで、一九〇四年から活動。二月革命後、流刑地よりペトログラードにもどり、首都党組織で活動。革命後は労働組合組織で活動した。二二年から党政治局員を務めた。ブハーリンに近く、右派偏向として批判され自殺した。

●—レーニン一家（一九二〇年秋）　前列左からレーニン、クルプスカヤ、姉アンナ。後列左から妹マリヤ、弟ドミトリー。

●—レーニンと妹マリヤ（一九二二年八月、ゴルキにて）

●—猫を抱くレーニン（一九二二年八月、ゴルキにて）

レーニン（一九二二年十月四日）

⑤—レーニン最後の闘い

ソ連結成をめぐる危うい勝利

一九二一年の末から二二年にかけて、レーニンの健康状態は急速に悪化した。医者は、彼の頭痛が一八年の狙撃のさいに受けたピストルの弾のせいだと考えて、二二年の四月に銃弾一発の摘出手術をおこなったが、五月二十五日、脳の硬化症にもとづく最初の発作が起こり、右手・右足が麻痺し、言語障害があらわれた。しかしこれは回復し、七月には読書を許されるようになり、十月二日には仕事に復帰することができた。

レーニンの第一回目の発作が起こる直前の一九二二年四月、スターリンは党書記長のポストに就いていた。そしてレーニンが公務にもどる過程で、ソ連の結成をめぐって、ロシア社会主義連邦ソヴィエト共和国と他のソヴィエト共和国との関係をどうするかという問題について、スターリンとレーニンの間に意見の対立が発生した。このことを検討する政治局の委員会で、スターリンはウクライナ、ベラルーシ、アゼルバイジャン、グルジア、アルメニアの五共和国

●—五共和国

●—レーニンとスターリン（一九二二年八月、ゴルキにて）

を自治共和国としてロシア共和国に吸収するという「自治共和国化」案を提案した。この案にもっとも強く反対したのが、スターリンの出身地グルジアの党組織であった。スターリンは九月二十二日にレーニン宛に書簡を送った。そのなかで彼は、事実上の独立か、事実上の統合か、二つに一つであると問題を提起している。

「内戦の四年間に、われわれは民族問題におけるモスクワの自由主義を誇示することを余儀なくされ、意に反して、共産党員のなかに本物の、首尾一貫した社会独立主義者を育ててしまうことになった。」九月二十三日に開かれた党中央委員会では、スターリン案がとおった。

レーニンはこの様子を知ると、二十六日にはスターリンと話し合い、彼を説得して、考えを改めさせた。ロシア共和国と諸共和国が対等な立場で一緒になり、「ヨーロッパ＝アジア・ソヴィエト共和国の連合」(soiuz)をつくるという案を受け入れさせたのである。だがスターリンは、真底説得されてはいなかった。二十七日には、自治共和国化案を引っ込めることには同意するとしながら公然と、レーニンは「急ぎすぎた」、これが「「独立派」を養う」ことになると批判して、「同志レーニンの民族的自由主義」に言及する手紙をカーメネフと政治局員に出した。レーニン案の細部(ロシアの最高執行機関の上に連邦の執行機関をつくれ、など)にはあくまでも反対している。二十八日にスターリンは、さらなる譲歩を求めたカーメネフに、「イリイーチ〔レーニン〕に反対する覚悟をもたねばならない」といい放っている。だが、グルジアのほかにウクライナの党も、はっきりレーニンの立場に同調する方針を決めるにいたった。

そこで、スターリンはここでいまいちど思いなおして、素知らぬ顔でレーニン案を取り入れながら、巻き返しをはかる自分たちの案を作成し、スターリン、モロトフ、オルジョニキーゼ、ミャスニコフ▲四人の名前で、十月六日の中央委員会へ出した。その内容は、ウクライナ、ベラルーシ、ザカフカース連邦(アゼルバイジャン・グルジア・アルメニア)、ロシアとで「社会主義ソヴィエト共和国連合」を結成する条約(各国は連合から自由離脱の権利を留保する)を締結する、連合の最高執行機関を設置するというものであった。国名をレーニンの提案である「ヨーロッパ＝アジア・ソヴィエト共和国連合」から、「社会主義ソヴィエト共和国連合」という、その後実現される国名に変えているところが大

▼**ミャスニコフ**　アレクサンドル・フョードロヴィチ(一八八六〜一九二五)　本名ミャスニキャン。アルメニア人ボリシェヴィキ。十月革命当時、西部方面軍で革命を指導した。一九二二年からはザカフカース連邦ソヴィエト議長を務める。二三年より中央委員候補。

きなポイントである。

ザカフカースの三国に連邦をつくらせたうえで、連合に加入させるというのも、現地の意向を抑えて、押しつけた案である。ただし、連合からの自由離脱の権利は、まさにレーニンの主張の中心点であったものをここで取り入れたのである。それにはカーメネフの主張も影響していたと思われる。レーニンは六日の中央委員会に向けて、カーメネフに対して次のような手紙を送った。

同志カーメネフ、大ロシア排外主義に対しては命がけというより、死をとして闘うことを宣言する。いまいましい歯から解放されれば、健康な歯ですべてをたいらげるつもりだ。同盟中央執行委員会では交代でロシア人、ウクライナ人、グルジア人等々が議長を務めるように主張することが必要だ。絶対的にだ。

結局、スターリンらがまとめた新しい連邦案が十月六日に党中央委員会総会で採択された。

だが、グルジアでは、ザカフカース連邦結成案の押しつけに反発が続いていた。十月二十一日、問題は解決したと考えていたレーニンは、オルジョニキーゼの非を訴えるグルジア党幹部の手紙に素気ない返事を出した。しかし、グルジアでは党中央委員会が総辞職し、深まる対立のなかで、オルジョニキーゼがムジヴァニ派の一人を殴打するという事件が起こった。十二月にジェルジンスキー委員会が派遣され、基本的にはオルジョニキーゼが正しいとの結論をもって帰ったが、十二月十二日にジェルジンスキーがふともらした言葉から、レーニンは殴打事件のことを知るにいたった。彼は自分の判断が誤っていたことに気づいた。

このときレーニンは、外国貿易の独占の廃止をソコリニコフ、ブハーリン、スターリンらが進めていることにも反対していた。彼はトロツキーを味方につけ、この件ではトロツキーと自分は同意見で、外国貿易独占の廃止には反対すると表明しようとした。

だが十二月十三日、レーニンは二回目の発作を起こした。彼は必死の努力で、十五日、トロツキーとともに外国貿易独占の廃止には反対するとスターリンらに通告したが、その日の夜にいたってレーニンは正式に引退を決意することを余儀なくされたのである。

▼ムジヴァニ　ペ・ゲ(一八八五〜一九三七)　グルジア人ボリシェヴィキ。一九〇三年から運動を始める。十月革命後に赤軍政治委員、二〇年に党中央委員会カフカース局員、二一年にグルジア革命委員会議長となる。ザカフカース連邦結成に反対し、民族主義偏向と非難される。三〇年代前半は最高国民経済会議議長を務めたが、三七年、大テロルで逮捕・処刑された。

▼ソコリニコフ　グリゴーリー・ヤコヴレヴィチ(一八八八〜一九三九)　医師の子。一九〇五年からボリシェヴィキ。亡命して、ソルボンヌ大で学んだ。二月革命後、レーニンとともに帰国し、モスクワで活動。ブレスト講和代表団にも加わる。経済畑で活動し、大テロルでは公開裁判の被告となるが、死刑をまぬがれた(禁固一〇年)。

十八日の党中央委員会では、レーニンの提案を受け入れて外国貿易独占の廃止の決定は取り消された。スターリンは明らかにいらだち、レーニン夫人のクルプスカヤがトロツキー宛のレーニンの手紙を口述筆記したことを知ると、二十二日、彼女を罵倒し威嚇(いかく)した。党書記長として、病人レーニンの身辺管理の全責任を負う者として、クルプルカヤはルール違反を犯したと叱責したのである。

レーニンの後継者評価

レーニンは、一九二二年十二月二十二日の深夜、さらなる発作を起こし、右半身は完全に麻痺してしまった。彼は、二人の秘書に一日に五分ないし一〇分口述筆記させる以上の活動を禁止された。そこで、二十四日より「遺言」と呼ばれている文章を書き取らせることを始めたのである。

まず最初には、「大会への手紙」と呼ばれる、党の分裂を避けるように要望する文章が口述された。当時の政治局はジノーヴィエフ、カーメネフ、レーニン、ルイコフ、スターリン、トムスキー、トロツキーの七人、政治局員候補は

▼カリーニン　ミハイル・イヴァノヴィチ(一八七五〜一九四五)　農民出身の労働者。一九一二年のプラハ協議会直後に党中央委員候補に補充された。大戦中は党を離れていた。二月革命後党にもどり、一九年に全ロシア中央執行委員会議長に就任。ソ連成立後はソ連中央執行委員会議長になった。一九三八年憲法制定ののちは、ソ連最高会議幹部会議長となった。

ブハーリン、カリーニン▲、モロトフ、ルズターク▲の四人であった。そのなかでレーニンはまずスターリンとトロツキーを取り出して、二人の性格を分析した。

同志スターリンは、書記長となって、その手中に無限の権力を集中した。私は、彼がつねに十分慎重にこの権力を行使しうるかどうか確信がもてない。他方で、同志トロツキーは、運輸人民委員部の問題に関連して中央委員会に闘争を勧めたことがすでに証明しているように、傑出した才能の持ち主とだけはいえない。個人的には、彼は、おそらく現在の中央委員会のなかでもっとも才能ある人物であろうが、また極度に自信過剰で、事柄の純粋に行政的な側面に極度に熱中するところがある。現在の中央委員会の二人の傑出した指導者のこのような二つの資質は、ふとしたことからも分裂を導きかねない。そしてわが党がこのことを妨げるために手を打たなければ、分裂は思いがけないかたちでやってくるかもしれない。

このように二人を取り上げたため、レーニンはスターリンをトロツキーと並ぶ党の二大指導者として評価していることを示すことになったのである。

他の幹部については、すべて否定的な評価だけが述べられた。ジノーヴィエ

レーニンとカリーニン(一九二〇年三月一日)

▼ルズターク　ヤン・エルンストヴィチ(一八八七～一九三八)　ラトヴィアのボリシェヴィキ。十月革命のさいはモスクワで活動し、内戦期は中央アジアで活動。一九二三年より中央委員会書記、二四年より交通人民委員、二六年より副首相・党政治局員となるが、三八年、大テロルで逮捕・処刑された。

フとカーメネフについては、「十月のエピソードは、もとより偶然のことではない」と述べている。十月革命前夜に彼らが慎重路線を唱えて、レーニンの蜂起路線に反対した大罪を持ち出したのである。さらに、ブハーリンについては、「党のもっともかけがえのない、最大の理論家」だとしながら、その理論的見解は「完全にマルクス主義的なもの」とはいえない、「スコラ的なもの」があり、「弁証法を一度も学んだことがない」と酷評した。最後にピャタコーフは能力が高いが、「行政と事物の管理的側面にあまりに熱中しすぎるので、重大な政治問題では彼に依拠することができない」とこれまた酷評した。

ピャタコーフは政治局員候補ですらない人物だったのだが、政治局の他のメンバーであるルイコフ、トムスキー、カリーニン、モロトフ、ルズタークの四人にはふれもしなかった。この人物評価は率直にいって、いい加減なものであり、政治的には愚かなメモである。

この口述を書き取った秘書のヴォロジチェヴァに対して、レーニンは「口述させたものはすべて特別な場所に特別な責任体制のもと保管し、完全秘密とみなすように」求めた。ところが、一九八八年にいたり明らかになったところによると、レーニンの口述した文章は十二月二十四日から二十九日までの分は秘書フォーチェヴァによって、ただちにスターリンとその他の若干名の政治局員にわたされたのであった。

民族問題についての洞察

十二月三十日、レーニンはオルジョニキーゼのグルジア共産党関係者殴打事件を念頭において、ふたたびヴォロジチェヴァにメモを作成させた。「この点ではスターリンの性急さと行政官的熱中、さらに悪名高き「社会民族主義」に対する敵意が致命的な役割を演じたと思う。一般に敵意は政治では通常、最悪の役割を演じるのである。」

レーニンは「抑圧民族の民族主義と被抑圧民族の民族主義、大きな民族の民族主義と小さな民族の民族主義とを区別しなければならない」として、「われわれ大きな民族に属するものは、ほとんどつねに、その歴史的実践において、無限の量の暴力がふるわれていることに対して責任がある」と述べ、「わが国において異族人▲がどのようにあしらわれているかについては、私のヴォルガ時

▼**異族人**　ロシア語でinorodtsy。帝政期の身分上の範疇。シベリアの原住民、サモエード人、カルムイク人、キルギス人、中央アジアの諸民族、ユダヤ人などを総称した。ここにはポーランド人やウクライナ人、グルジア人は入らない。しかし、この言葉は広く非ロシア民族を意味するものとしても使われた。

代の記憶をたどってみさえすればよい」といい切った。ポーランド人は「ポリャチーシカ」と呼ばれ、タタール人は「公(クニャージ)」と嘲笑され、ウクライナ人は「ホホール」、グルジア人その他のカフカースの異族人は「カプカース人」と嘲笑されていたと書いている。

「したがって、抑圧民族、いわゆる「大きな」民族(もっとも、大きいのは、ただ自分の暴力行為の点でだけ、巡査が大きいのと同じように大きいだけである)の側からみた国際主義とは、諸民族間の形式的平等を守るというだけではなくて、抑圧民族、大民族としては、生活のなかに事実上形成されている不平等をつぐなうような不平等を甘受するということでなければならない。」

「必要なのは、歴史的過去において「大国」民族の政府が異族人に加えた不信、疑惑、侮辱を、異族人に対する自らの態度、自らの譲歩によりなんとかつぐなうことである。」

民族問題についてのレーニンのこの発言は、事柄の底知れぬ深さに目を向けている。それには、チェルヌイシェフスキー的な「天秤棒の逆曲げ」理論(一三〜一四頁参照)が適用されている。レーニンは二十世紀から二十一世紀にも突き抜けるこの問題の深刻さに立ち向かおうとしていた。

文明的協同組合的な未来

レーニンは社会主義の未来についても、「協同組合について」「わが国の革命について」「量は少なくとも、質のよいものを」という三つのメモを口述した。これらの文章は『プラウダ』▲に発表された。

レーニンは、ロシアは社会主義を可能にする生産力発展の高みにいたっていないにもかかわらず、世界戦争によって、まず社会主義をめざす国家権力を打ち立て、社会主義にふさわしい社会制度をつくり、そのあとで社会主義の内実をつくっていく、社会主義にふさわしい「文化水準」をつくっていくというふうに革命を展開させてきたと述べている。そこで西ヨーロッパの先進国が社会主義へ進むまでは、内では農民革命とともに進み、外は革命的民族主義的東洋(中国・インド)とともに、反革命的帝国主義的西欧と闘っていかなければならない。そのために決定的なことは、ロシアと東洋の多数者を文明化することだ、

▼**『プラウダ』**　この言葉は、ロシア人の意識では、真実と正義をともに意味し、さらに真実と正義がともにあふれる理想の世界をも意味した。この言葉を新聞名に採用した最初は、トロツキーが中心になって一九〇八年にウィーンで創刊した社民党内分派の再統一を訴える新聞『プラウダ』である。一二年にプラハ協議会で事実上結党したレーニンのボリシェヴィキ党がペテルブルクで創刊した合法労働者新聞『プラウダ』は、トロツキーの新聞の名称をのっとったものであった。二月革命以後、『プラウダ』はロシア社会民主労働党(ボリシェヴィキ)の日刊機関紙となり、ソ連共産党の機関紙、ソ連でもっとも多部数出ている新聞となるのである。

ロシアでは農民を文明化された協同組合員にすることだ――これがレーニンの主張だった。「完全な社会主義国となるためには、われわれにとって今はこの文化革命で十分である。」

このようにいったとき、レーニンの文明化論には個人の自立性、自主的な判断にもとづく自由な討論と合意に支えられる協力の必要性ということがどの程度意識されていたかは疑問である。レーニンのこの主張は党による上からの、外からの文化革命を示唆するものとなったのである。

レーニンは、進んできた道をこのまま進んだのではいけないという感覚をもっていたと考えられる。しかし、道の修正はもはや不可能であった。

最後の衝突

一九二四年一月四日、レーニンはついに決定的な言葉を述べることになった。フォーチエヴァに対して、スターリンを書記長のポストから解任せよ、との意見を書き取らせたのである。

スターリンはあまりに粗暴である。そしてこの欠点は、われわれ共産主義

> 者の間やそのつきあいにおいては十分許容できるものであるが、書記長の職務にあっては許容できないものとなる。だから、私は、スターリンをこの地位から他に移す方法を考え、この地位に、他のあらゆる点では同志スターリン〔をこえなくても〕、ただ一点ではまさっている、まさに、もっとがまん強く、もっと忠実で、同志たちにもっと丁寧で、思いやりがあり、彼ほど気まぐれでない等々の別の人物を任命するよう、同志諸君に提案する。

だが、誰を後任として念頭においているかはまったくうかがいえない。おだやかなまとめ役ならカーメネフということになるのだが、彼には致命的な評価が述べられていた。政治局員の特徴づけからは、レーニンが書記長に推薦できる人はいないということしか浮かび上がってこないのである。その意味では、このときのレーニンの振る舞いはまことに悲劇的であったといわなければならない。

フォーチェヴァがスターリン書記長から、レーニンの口述文をわたすように命令されていたことは明らかであろう。この決定的な文章もただちにスターリ

レーニンとクルプスカヤ（一九二二年八月、ゴルキにて）

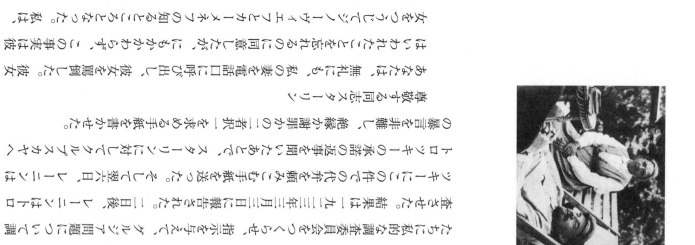

ンに知らされたと考えられる。

レーニンは、ジェルジンスキー委員会の報告に不満で、秘書フォーチエヴァたちに私的な調査委員会をつくらせ、指示を与えて、グルジア問題について調査させた。結果は一九二三年三月三日に報告された。二日後、レーニンはトロツキーにこの件での代弁を頼みこむ手紙を送った。そして翌六日、レーニンはトロツキーの承諾の返事を聞いたあとで、スターリンに対してクルプスカヤへの暴言を非難し、絶縁か謝罪かの二者択一を求める手紙を書かせた。

尊敬する同志スターリン

あなたは、無礼にも、私の妻を電話口に呼び出し、彼女を罵倒した。彼女はいわれたことを忘れるのに同意したが、にもかかわらず、この事実は彼女をつうじてジノーヴィエフとカーメネフの知るところとなった。私は、自分に対してやられたことを、そんなに簡単に忘れるつもりはないし、私が、妻に対してやられたことを私に対してやられたことだとみなすのは、いうまでもない。だから、あなたがいったことを取り消して、謝罪するか、それともわれわれの関係を断つことのほうを望むのか、よく考えるよう、あなたにお願いしたい。

二三年三月五日　　　　　　　　敬意をもって　レーニン

他方でレーニンはムジヴァニらに連帯の行動を約束する手紙を出している。レーニンは自分の時間が尽きんとするのを感じていたのだろう。方針には動揺がみられる。スターリン宛の手紙は、七日にスターリンにわたされた。スターリンはその日のうちに返事を出した。彼は、医者がレーニンの病気回復のためにはレーニンに政治的な情報を与えてはならないと決めている、それを守らないことは「イリイーチの命をもてあそぶ」ものだとクルプスカヤにいったのだ。自分のいった言葉に乱暴な、あなたを傷つけるようなものがあるとは思わない。私はあなたのすみやかな回復以外のことは考えていない。私は医者の条件を貫くつもりだ。クルプスカヤとの誤解はとるにたらないことで、すでに解決済みだ。このように書いて、スターリンは次のように結んだ。挑戦的であった。

それは別として、あなたが「関係」の維持のためには、私が彼女にいった言葉を取り消すべきだと考えているなら、取り消してもかまわない。しかし、なにが問題なのか、どこに私の「罪」があるのか、あなたが私になにを望んでいるのか、私は理解できない。

スターリンはレーニンが自分を解任せよと提案していることも、トロツキーやムジヴァニ宛にレーニンが手紙を書いていることも知っており、激しく反発していたのである。

言葉を失った指導者の死

だが、レーニンはスターリンのこの返事を読むことはなかった。彼の容態が六日より急激に変化していったからである。そして三月十日、レーニンは致命的な最後の発作に見舞われた。彼は永久にしゃべることも、字を書くこともできない身体となってしまったのである。

四月には、一二回党大会が開かれた。大会の直前に、秘書フォーチエヴァが、民族問題に関する覚書きだけを政治局にわたしたが、レーニンの指示どおり、大ロシア排外主義を第一の敵とすることで妥協がなり、個人責任の追及はなされなかった。「大会への手紙」はついに封筒から出されず、公式には存在しないものとされたのである。

若干の回復はあったものの、正常の活動にはもどれない状態で、レーニンはなお一〇カ月生きつづけた。それはまぎれもなく、彼にとっても妻にとっても、生涯でもっとも悲痛な時期であった。

レーニンは、一九二三年夏より党内に激しい論争が起こったことは感じていた。二四年一月十六日、第一三回党協議会が開かれると、レーニンはクルプスカヤに『プラウダ』に載った協議会についての報道を読んでくれと頼んだ。クルプスカヤは、トロツキーを批判したスターリンの政治報告を朗読するのは避けたであろう。協議会が終わって、十九日にクルプスカヤが決議を読み上げると、レーニンはかなりの興奮の色をみせたので、彼女は決議は満場一致で採択されたのだといって落ち着かせようとした。レーニンの興奮は、トロツキー派を「小ブルジョワ的偏向」だと決めつけた決議の部分に対するものであったことは間違いない。二十日にもクルプスカヤは、レーニンに決議の続きを読んで聞かせた。翌日、一九二四年一月二十一日、レーニンは突然発作を起こし、午後六時五〇分に死んだ。享年五三歳、その生涯は父のそれよりも七カ月短かった。

スターリンは最後の瞬間にレーニンと個人的に対立したのだが、一月二十七日の赤の広場▲での葬儀では全体をとりしきり、もっとも忠実なレーニンの弟子たることを誓う追悼の辞をおこなった。レーニンの遺骸を永久保存して、赤の広場の廟で公開することが政治局で決定された。

レーニンの遺骸の処理について、スターリンがイニシアティヴをとったと考えるのが自然である。レーニンは自分の遺骸が永久保存されるとは、夢にも思わなかったであろう。クルプスカヤは五月の一三回党大会へ向けて、レーニンの遺言的文章のすべてを提出したが、もはやいかなる効果も生まなかった。必死の言葉は無視され、遺骸が政治的に利用されたのである。

▼**赤の広場**　クレムリンの北東側の城壁に面した広場。十五世紀の末にできた。「クラスナヤ・プロシチャチ」と呼ばれるようになったのは十七世紀の後半以降である。初めは「美しい広場」という意味であった。その後、この形容詞が「赤い」という意味をもつようになってからは、「赤い広場」と理解されるようになった。ソ連では「赤い」とは「共産主義の」という意味をもたされた。この広場は政治集会、祭日のデモに好んで使われた。

●—レーニン（一九二三年夏、ゴルキにて）

●—レーニンの死

レーニンとその時代

西暦	年齢	おもな事項
1870	0	*4-10*（西暦 *22*）シムビルスクで誕生
1887	17	*5-8*（*20*）兄アレクサンドル，皇帝暗殺陰謀者として絞首刑。
		12-4（*16*）カザン帝国大学学生集会参加，退学，コクシキノに追放
1893	23	*8-* サマーラから上京，マルクス主義革命家の道に立つ
1895	25	*12-9*（*21*）労働者工作参加のゆえに逮捕
1897	27	*2-* シベリア流刑 3 年宣告，*5-* シュシェンスコエ村に到着
1898	28	*7-10*（*22*）同志クルプスカヤと結婚
1899	29	*3-*『ロシアにおける資本主義の発達』刊行
1900	30	*1-29*（*2-11*）流刑刑期終了，ヨーロッパ各地をまわり国外へ
1901	31	*1-* 新聞『イスクラ』刊行に参加
1902	32	*3-*『なにをなすべきか』をレーニンの名で刊行
1903	33	*7-17* ～ *8-10*（*7-30* ～ *8-23*）ロシア社会民主党第 2 回大会，分裂で，ボリシェヴィキの指導者となる
1904	34	*1-26*（*2-8*）日露戦争始まる
1905	35	*1-9*（*22*）血の日曜日，1905 年革命開始。
		10-17（*30*）皇帝，国会開設を約束する詔書出す。
		11-8（*21*）首都に帰国
1906	36	*4-23*（*5-6*）欽定憲法公布
1907	38	*2-* ストックホルムに脱出
1912	42	*1-5* ～ *17*（*18* ～ *30*）プラハ協議会でボリシェヴィキ党結党
1914	44	*7-15*（*28*）オーストリア，ロシアに宣戦布告，翌日ロシア，宣戦布告，世界戦争始まる
1916	46	*6-19*（*7-2*）『帝国主義』脱稿
1917	47	*2-27* 首都で二月革命勝利。*4-3*（*16*）封印列車で首都に帰還。
		4-4（*17*）「四月テーゼ」発表。*10-25*（*11-7*）十月革命勝利
1918	48	*1-6*（*19*）憲法制定会議を解散させる。*8-30* エスエル女性に狙撃される。
		9-5 人民委員会議，「赤色テロル」宣言
1919	49	*3-* コミンテルン創設
1921	51	*3-* 新経済政策採用
1922	52	*5-25* 脳の硬化症にもとづく最初の発作。*12-13* 第二の発作。
		12-24 ～「遺言」と呼ばれる文章を口述
1923	53	*3-10* 致命的な発作
1924	53	*1-21* ゴルキで死去。*1-23* ～ *27* 告別式・葬儀

参考文献

資料

ソ連 MEL 研究所編『レーニン全集』(全 48 巻)大月書店，1953 ～ 1969 年

江口朴郎編『世界の名著 63　レーニン』中央公論社，1966 年

和田春樹編『レーニン』(世界の思想家 22)平凡社，1977 年

Lenin. Sobranie fotografii i kinokadrov, Vol. 1, Fotografii 1874-1923, Moscow, 1980［『レーニン写真全集』，モスクワ，1980 年］

V. I. Lenin. Neizvestnye dokumenty 1891-1922. Moscow, 1999［『レーニン——未公開資料』モスクワ，1999 年］

Politbiuro i tserkov', 1922-1925, Moscow, 1997［『政治局と教会　1922-25 年』モスクワ，1997 年］

ソ連邦共産党中央委員会付属マルクス＝レーニン主義研究所『レーニン伝』(全 3 冊)日本共産党，1960 年

回想

クルプスカヤ(内海周平訳)『レーニンの思い出』(全 2 巻)青木書店，1954 年

クルプスカヤ(加藤久一郎訳)『続　レーニンの思い出』青木書店，1970 年

ヴァレンチーノフ(門倉正美訳)『知られざるレーニン』風媒社，1972 年

研究

シャギニャン(伊東勉・植村進訳)『レーニン家の人びと』未来社，1969 年

レーヴィン(河合秀和訳)『レーニンの最後の闘争』岩波書店，1969 年

蔵原惟人『若きレーニン』(全 2 冊)新日本出版社，1969 ～ 71 年

トロツキー(松田道雄・竹内成明訳)『レーニン』河出書房新社，1972 年

ドイッチャー(山西英一・鬼塚豊吉訳)『レーニン伝への序章——その他　遺稿集』岩波書店，1972 年

倉持俊一他「初期レーニンの諸問題」『ロシア史研究』第 19 号，1972 年

パイプス(桂木健次・伊東弘文訳)『レーニン主義の起源』河出書房新社，1972 年

ソルジェニーツィン(江川卓訳)『チューリヒのレーニン』新潮社，1977 年

和田春樹「国家の時代における革命——ブハーリンとレーニン」渓内謙・荒田洋編『ネップからスターリン時代へ』(ソビエト史研究会報告第 1 集)木鐸社，1982 年

藤井一行『レーニン「遺書」物語——背信者はトロツキイかスターリンか』教育史料出版会，1990 年

和田春樹『歴史としての社会主義』岩波書店，1992 年

A. G. Latyshev, *Rassekrechennyi Lenin, Moscow,* 1996［ラトゥイシェフ『秘密解除されたレーニン』モスクワ，1996 年］

M. Shtein, *Ul'ianovy i Leniny. Tainy rodoslovnoi i psevdonima,* Sankt-Peterburg, 1997［シチェイン『ウリヤーノフ家とレーニン家の人々——家系と変名の謎』ペテルブルク，1997 年］

ロバート・サーヴィス，(河合秀和訳)『レーニン』(全 2 巻)岩波書店，2002 年

図版出典一覧

Lenin. Sobranie fotografii i kinokadrov, Vol. 1, Fotografii 1874-1923, Moscow, 1980. 3上, *7, 12, 21, 41, 49, 50, 60, 66, 67, 71, 73, 81, 83, 84, 85, 91, 98, 103*上

Oxford Illustrated Encyclopedia, World History from 1800 to the Present Day, Oxford, 1988. *56*

ユニフォトプレス提供

カバー表, カバー裏, 扉, 3中・下, *10, 11, 23, 31, 32, 37, 45, 63, 80, 102, 103*下

和田春樹(わだ　はるき)
1938年生まれ
東京大学文学部西洋史学科卒業
専攻，ロシア近現代史・現代朝鮮研究

主要著書・論文

『ニコライ・ラッセル——国境を越えるナロードニキ』(中央公論社 1973)
『マルクス・エンゲルスと革命ロシア』(勁草書房 1975)
『農民革命の世界——エセーニンとマフノ』(東京大学出版会 1978)
『私の見たペレストロイカ——ゴルバチョフ時代のモスクワ』(岩波書店 1987)
『歴史としての社会主義』(岩波書店 1992)
『開国——日露国境交渉』(日本放送出版協会 1991)
『ヒストリカル・ガイド　ロシア』山川出版社 2001)
『朝鮮戦争全史』(岩波書店 2002)
『東北アジア共同の家——新地域主義宣言』(平凡社 2003)
『テロルと改革——アレクサンドル二世暗殺前後』(山川出版社 2005)
『日露戦争——起源と開戦』(岩波書店 2009～10)
『「平和国家」の誕生——戦後日本の原点と変容』(岩波書店 2015)
『スターリン批判 1953～56年』(作品社 2016)
The Korean War: an international history, Rowman & Littlefield, 2014

世界史リブレット人㊸

レーニン

二十世紀共産主義運動の父

2017年5月30日　1版1刷発行
2020年9月5日　1版2刷発行

著者：和田春樹

発行者：野澤伸平

装幀者：菊地信義

発行所：株式会社 山川出版社

〒101-0047　東京都千代田区内神田1-13-13
電話　03-3293-8131(営業)　8134(編集)
https://www.yamakawa.co.jp/
振替 00120-9-43993

印刷所：株式会社 プロスト

製本所：株式会社 ブロケード

 ISBN978-4-634-35073-1

世界史リブレット 人

〈シロヌキ数字は既刊〉